Collection
"Côté Noir"

Intelligence Artificielle

Richard Urwin

Intelligence Artificielle

À la recherche de la machine pensante

Traduction de l'anglais :
Laure Valentin

GREMESE

Titre original : *Artificial Intelligence – The Quest for the Ultimate Thinking Machine*

Impression : AGL – Pomezia (Rome)

ISBN 978-2-36677-215-9

Dépôt légal : janvier 2020
(Imprimé en Italie)

TABLE DES MATIÈRES

Chapitre 1

Qu'est-ce que l'intelligence artificielle ?

L'une des caractéristiques qui distinguent le genre humain des autres animaux est l'utilisation d'appareils permettant d'économiser le temps de travail. Nous avons inventé la roue et le levier afin de ne plus avoir à transporter de lourds chargements sur de longues distances. Nous avons inventé la lance afin de ne plus avoir à tuer notre dîner à mains nues. Pendant plusieurs milliers d'années nous avons développé des mécanismes complexes pour diminuer l'effort physique, et pourtant durant tout ce temps, la création de dispositifs qui nous épargneraient la corvée de la réflexion est restée un rêve inaccessible.

Certes, quelques outils à travers les siècles ont allégé notre fardeau mental, comme la règle de calcul et la machine à additionner, mais ces outils sont destinés à des pratiques bien précises. Ce n'est que depuis peu que nous avons accès à une technologie nous permettant de commencer à explorer l'idée d'une machine à réfléchir.

Mais il est encore tôt.

L'ordinateur a moins de cent ans et le sujet est exceptionnellement complexe – mais nous commençons à constater le fruit de notre travail. L'intelligence artificielle fait maintenant partie d'un grand nombre d'appareils que nous utilisons chaque jour. Quand nous demandons à notre téléphone quel temps il fait à Seattle, c'est l'intelligence artificielle. Quand nous sommes en train de jouer à un jeu vidéo et qu'un personnage contrôlé par l'ordinateur se faufile et nous poignarde dans le dos, c'est l'intelligence artificielle. L'IA s'en prend à nos retraites sur le marché boursier et nous refuse un prêt. Elle peut même aspirer nos sols.

La recherche n'est pas encore terminée. Ce ne sont que les premiers produits de notre travail, mais – étant donné que l'intelligence artificielle est de plus en plus omniprésente – nous devons comprendre ce qu'elle est et ce qu'elle n'est pas, si nous voulons donner un sens à notre monde.

Avant de décrire l'intelligence artificielle, nous devons définir ce dont nous parlons. Il semble évident que l'intelligence artificielle correspond à une intelligence qui est artificielle, mais malheureusement aucun de ces deux mots n'a de définition précise. Par exemple, si un magicien faisait apparaître un cerveau en le sortant de son chapeau, serait-ce considéré comme de l'intelligence artificielle ? Même si c'était le cas, il y a peu de chance que l'on puisse en tirer grand-chose. Par intelligent, parlons-nous d'un esprit qui a conscience d'être et qui est capable de comprendre la signification de la vie comme n'importe quel humain ? Si c'était le cas, ce livre serait très court, étant donné que rien de tel n'a été inventé et que personne ne sait comment s'y prendre.

« Artificielle »

Dans ce livre, nous allons voir que l'intelligence doit être conçue par l'Homme – c'est-à-dire qu'elle doit être le produit de la science et de l'ingénierie. La magie est interdite.

La biologie est également interdite dans notre discussion : l'ingénierie génétique ne partage aucune science avec ce dont nous allons parler. Il s'agirait de cellules cérébrales qui auraient grandi dans une boîte de Pétri et seraient considérées comme une partie d'un cerveau naturel que l'on implante dans un ordinateur.

Chaque mécanisme ou circuit électronique élaboré peut être implanté dans un programme informatique. Et, alors que vous avez besoin d'un atelier ou d'un laboratoire d'électronique – et d'un sacré budget – pour créer un mécanisme ou un circuit électronique de ce genre, l'équivalent, sous forme de programme informatique, peut être conçu rapidement et à bas coût par un étudiant non diplômé.

C'est pour cette raison que la recherche en intelligence artificielle est menée sur des ordinateurs. Toutes les technologies dont nous allons parler dans ce livre sont implantées dans des ordinateurs.

« Intelligence »

En ce qui concerne l'intelligence, c'est un peu plus compliqué. En tant qu'humains, il nous est difficile d'imaginer l'intelligence sans l'associer à la conscience.

Cette partie de nous, qui fait l'expérience d'être en vie et d'avoir une identité, semble loin d'être un processus purement physique. Nous pouvons constater que certaines personnes ont plus de capacités mentales, comprennent plus vite que d'autres et nous pouvons accepter que leurs cerveaux soient plus réactifs ; mais l'expérience de l'existence, elle, semble universelle. Il est difficile d'imaginer qu'une telle chose puisse être générée par une simple machine. En fait, c'est une sorte de foi que nous avons dans le fait que notre prochain vit l'expérience de la vie de la même manière que nous. Et ce n'est que depuis quelques dizaines d'années que les gens commencent à se rendre compte que les autres êtres vivants pourraient, eux aussi, avoir une conscience.

Nous ne pouvons jamais savoir ce que l'autre pense – que ce soit un humain, un animal ou une machine. Il n'y a pas de test détectant la conscience. Si une machine avait déjà développé une conscience, nous ne le saurions même pas. Les philosophes ont débattu pendant des siècles sur ce que peuvent signifier la pensée ou la conscience de soi, et malgré cela, ils ne sont toujours pas d'accord.

Nous pensons être capables de créer une machine qui posséderait toutes les caractéristiques d'un être doué d'intelligence. Une machine ayant une conscience, un libre arbitre et la capacité de penser. Nous reviendrons à tout ceci plus tard. Pour le moment, nous allons nous contenter de discuter de signes extérieurs d'intelligence qui soient observables et mesurables. Même là, le choix n'est pas clair, notre compréhension de l'intelligence a évolué à travers les âges.

En 1906, le psychologue français Alfred Binet a défini l'intelligence comme :

« … un jugement, aussi appelé bon sens, sens pratique, initiative, la faculté de s'adapter aux circonstances. De bien juger, bien comprendre, bien raisonner… Mais la mémoire est distincte et indépendante du jugement »[1].

1. Alfred Binet, « New Methods for the Diagnosis of the Intellectual Level of Subnormals », publié pour la première fois dans *L'Année Psychologique*, 12 (1905) : 191–244. Cette traduction, par Elizabeth S. Kite, est parue en 1916

Cependant, les tests d'intelligence que Binet a mis en place dépendaient de la connaissance de la culture humaine : son quatrième test consiste à reconnaître de la nourriture familière et le sixième évalue la capacité du sujet à comprendre le fait de serrer la main d'une personne. Une personne sans mémoire serait très mauvaise à de tels tests, ainsi que quelqu'un issu d'une autre culture.

Il est impossible d'interagir dans le monde réel sans connaître son fonctionnement. À partir des premiers moments de notre vie, nous commençons à créer une vaste réserve d'informations et cela prend plus de dix ans, peut-être même vingt, pour que cette réserve soit complète. Un logiciel qui aurait besoin d'autant de temps avant de servir à quelque chose serait simplement inutile.

Le dictionnaire Oxford English Dictionary définit de nos jours l'intelligence comme « l'aptitude à acquérir et à appliquer des connaissances et des capacités »[2], ce qui encore une fois dépend totalement de la mémoire. Il est possible que l'étude de l'intelligence artificielle ait affecté notre compréhension de l'intelligence en général et nous ait permis de réaliser l'importance du savoir lorsqu'il s'agit de réagir, de prendre une décision quant à une situation donnée. Mettre tout ce savoir dans un ordinateur et le stocker de sorte qu'il l'utilise est un point majeur de l'IA, et nous enquêterons à ce sujet.

Il y a un problème fondamental récurrent depuis la création de l'intelligence artificielle. Si les ordinateurs peuvent le

dans *The Development of Intelligence in Children* (Vineland, NJ: Publications of the Training School at Vineland).

2. Oxford Dictionaries, consulté le 7 janvier, 2016, www.oxforddictionaries.com.

Psychologue français, Alfred Binet.

faire, alors cela signifierait qu'il n'y a pas besoin d'être intelligent pour cela.

L'un des premiers problèmes sur lesquels ont travaillé les programmeurs fut le jeu d'échecs. Là, se sont-ils dit, seul un humain peut exceller. En 1997, le superordinateur d'IBM appelé Deep Blue a battu Garry Kasparov, le champion en titre. Mais Deep Blue ne montrait rien d'humain ; il était très rapide et programmé pour cette seule et unique tâche.

Le Test de Turing

En 1950, juste après l'invention de l'ordinateur, le mathématicien anglais Alan Turing proposa un test qui devint le Test de Turing. Lors d'une expérience, un humain et un ordinateur discutent à tour de rôle avec un examinateur qui lui-même doit deviner qui est qui. Turing en a conclu que d'ici l'an 2000, l'examinateur ne tombera juste que 70% du temps. Il existe une compétition annuelle (appelée le Prix Loebner) pour couronner le programme qui sera le plus « humain » de tous. Jusqu'ici, aucun programme n'a atteint les résultats escomptés par Turing[3], mais ils ne cessent de s'améliorer. Tous comme les logiciels d'échec peuvent battre les grands champions, les ordinateurs vont bientôt pouvoir converser comme les humains. Quand ils en seront capables, nous aurons donc la preuve que la compétence conversationnelle n'est pas une preuve d'intelligence. Ceci est problématique, car nous ne pouvons jamais savoir ce qu'un autre être pense. La communication est tout ce que nous avons.

L'IA forte

Il y a trois approches de l'intelligence artificielle. Les partisans de l'IA forte pensent qu'il est possible de fabriquer une machine qui pense de la même façon qu'un être humain, c'est-à-dire qu'il serait possible de dire que la machine comprend les informations et qu'elle est consciente. Comme nous l'avons vu, il serait difficile de prouver une telle chose. Afin de créer un programme informatique dont nous serions

3. En dehors du prix Loebner, quelques programmes ont atteint les 30% prédits par Turing. Le plus célèbre d'entre eux s'appelle Eugène Goostman, un programme prétendant être un jeune homme ukrainien de treize ans. De cette façon les erreurs commises par le programme étaient attribuées à l'âge, au sens de l'humour et au niveau d'anglais du jeune homme. Il a berné 33% des examinateurs. Vous ne voudriez donc tout de même pas de ce programme dans votre GPS. Voir Doug Aamoth, « Interview avec Eugene Goostman, le faux enfant qui a réussi le Test de Turing », *Time*, 9 juin 2014, consulté le 29 janvier 2016. http://time.com/2847900/eugene-goostman-turing-test/.

certains qu'il est doté d'une intelligence artificielle forte, il nous faudrait comprendre exactement le fonctionnement de l'esprit humain – et nous en sommes encore loin.

L'IA faible

En revanche, en ce qui concerne l'IA faible, il suffit que la machine se comporte comme si elle était intelligente. Les détails de l'implémentation n'ont aucune importance. C'est une telle réflexion qui a conduit à Deep Blue. Il n'a même pas essayé d'imiter l'esprit d'un grand maître des échecs ; il s'est contenté de suivre les règles concernant les mouvements qu'il devait effectuer. Si un humain essayait de suivre les mêmes règles que l'ordinateur, le jeu durerait très longtemps, car l'ordinateur examinait 200 millions de positions possibles par seconde. Même compte tenu de l'esprit prodigieux des grands maîtres, il est peu probable qu'ils puissent faire de même. Un humain semble utiliser un sens stratégique plus développé qui limite le nombre de mouvements qu'il doit prendre en considération à une douzaine, voire plusieurs douzaines, mais pas des millions. Dans l'IA faible, cette distinction est sans importance ; le fait que l'ordinateur puisse jouer aux échecs mieux qu'un humain est tout ce qui compte.

IA pragmatique

Il existe une troisième approche que j'appellerai l'IA pragmatique. Au lieu d'essayer de créer une machine aussi intelligente que l'humain, les chercheurs ont mis la barre plus bas.

Nous savons maintenant comment créer des robots qui se comportent comme des insectes. Avoir une mouche domestique robotisée, en particulier aussi grosse qu'une boîte à chaussures, peut sembler inutile, mais il existe des tâches pour lesquelles même un tel robot pourrait s'avérer utile. Peut-être qu'un essaim de robots-chiens dotés de l'intelligence de fourmis serait utile pour nettoyer les décombres et rechercher les survivants dans les zones sinistrées.

Au fur et à mesure que nos modèles deviennent plus sophistiqués et que nos machines imitent des créatures de plus en plus complexes, il semble possible de faire paraître une machine aussi intelligente qu'un être humain. Il se peut que cette approche soit la même que l'IA forte. Mais il ne nous est pas nécessaire de croire que les robots que nous construisons sont conscients et, au moment où nous en serons à ce stade de complexité, nous ne serons peut-être plus sûrs d'imiter la vie réelle. Nous pourrions seulement dire qu'ils sont indiscernables d'une machine qui elle serait consciente.

Une définition

Pour les besoins de ce livre, nous dirons qu'une intelligence artificielle est un outil construit pour aider ou remplacer la pensée humaine. C'est un programme informatique, qu'il soit autonome dans un centre de données ou sur un PC, ou intégré dans un dispositif tel qu'un robot, qui affiche les signes extérieurs d'intelligence – ces signes sont la capacité d'acquérir et d'appliquer des connaissances et des compétences afin d'agir avec raison dans son environnement.

Chapitre 2

Des outils pour penser – premiers pas vers l'IA ?

Les racines de l'intelligence artificielle sont beaucoup plus profondes que les premiers ordinateurs électroniques. Pendant des siècles, les humains ont utilisé des outils pour aider leur réflexion.

Les premiers n'étaient sans doute que de petits cailloux : un berger pouvait avoir autant de pierres dans un sac qu'il avait de moutons ; quand il voulait s'assurer que tout son bétail était présent, tout ce qu'il avait à faire, c'était de sortir une pierre pour chaque mouton – s'il restait encore des pierres dans le sac, il manquait un animal.

À partir du moment où les pierres représentaient des chiffres, il n'était pas compliqué de décréter qu'une pierre différente représentait cinq, dix, douze ou vingt. Les tables de comptage, qui étaient omniprésentes au Moyen Âge, en sont des descendantes directes. À d'autres endroits, les mêmes idées ont donné naissance aux précurseurs du boulier moderne. En fin de compte, notre recours continu aux outils de calcul aboutirait à la création de la calculatrice de poche moderne.

Les menhirs

Le calcul n'est pas la seule tâche mentale que les anciens peuples ont mécanisée. Nous savons que Stonehenge et d'autres monuments de ce type marquaient le solstice d'hiver et le solstice d'été. Nous savons aussi qu'ils auraient pu prédire des éclipses et d'autres événements astronomiques. Les chiffres sont là, dans les structures. Par exemple, il y a dix-neuf pierres disposées en forme de fer à cheval au milieu du monument, et il faut dix-neuf ans au soleil et à la lune pour répéter leurs positions. Sachant ce que nous faisons aujourd'hui, nous pourrions les utiliser pour prédire les éclipses en déplaçant des jetons de pierre en pierre chaque mois. Les éclipses sont des événements erratiques, dépendant de plusieurs cycles de différentes longueurs coïncidant à des moments particuliers. Leur prévision nécessite beaucoup de calculs fastidieux et un outil permettant de suivre ces cycles aurait été inestimable.

Malheureusement, rien n'indique que les cercles de pierre aient déjà été utilisés de cette manière. S'ils l'avaient été, nous pourrions nous attendre à ce que des vestiges de cette tradition aient survécu. Mais cela n'a pas été le cas. Il semble fort probable que le nombre de pierres dans ces monuments n'ait été choisi que pour afficher un savoir sacré. Si les prêtres avaient d'autres outils pour les aider à calculer, et il est possible qu'ils en aient eu, aucun d'entre eux n'a survécu.

Le mécanisme d'Anticythère

En 1900, un groupe de plongeurs à l'éponge opérant près de l'île grecque d'Anticythère découvre les restes d'un navire romain à plus de quarante-cinq mètres de profondeur. Le gouvernement est informé et les archéologues travaillent sur l'épave pendant un an, récupérant de nombreux objets. Parmi ces découvertes se trouvent des morceaux de métal qui sont provisoirement identifiés comme des astrolabes. Dire qu'ils étaient fortement corrodés serait un euphémisme ; ils ressemblaient plutôt à des morceaux de corrosion avec des parties de cadran çà et là.

Un fragment du mécanisme d'Anticythère datant de 150 – 100 av. J.-C.

Le mécanisme tarda à révéler ses secrets. Des radiographies effectuées en 1951 ont prouvé qu'il était plus complexe que prévu, mais il a fallu attendre le XXIe siècle pour que la technologie soit mise au point afin de cerner la conception détaillée du mécanisme.

Ces recherches sont toujours en cours.

Le mécanisme semble dater de 150 à 100 ans avant J.-C. Il contenait au moins trente-six engrenages faits à la main. En réglant simplement la date, il pouvait prédire la position du soleil et de la lune, ainsi que le lever et le coucher de certaines étoiles. Il pouvait être utilisé pour prédire les éclipses, car le cycle de dix-neuf ans est gravé en spirale sur l'une des pièces. Il est également probable qu'il affiche aussi la position des cinq planètes connues à l'époque. Il a fallu attendre un millier d'années pour que des mécanismes d'une telle complexité soient conçus à nouveau. Cela devait être un appareil très précieux au point que son fonctionnement semble presque magique. En tournant simplement la poignée, on pouvait voir le paradis se retourner.

Pygmalion

En l'an 8 après J.-C., le poète romain Ovide termine *Métamorphose*, son poème épique de quinze livres. Il comprend (dans le livre X, Fable VII) l'histoire de Pygmalion qui, dépité par le comportement décadent des femmes autour de lui, construit une statue en ivoire et en tombe amoureux. Il la traite comme sa femme, l'habillant et l'ornant de bijoux. Il l'emmène même au lit avec lui. Puis, lors d'une fête de Vénus, il prie : « Si vous, les dieux, pouvez tout accorder, faites que ma femme soit semblable à cette statue d'ivoire ». Vénus entend sa prière et lorsqu'il revient, la statue prend vie quand il la touche. Il serait inapproprié de décrire cette histoire comme la racine de l'intérêt de l'Homme pour l'IA, car de toute évidence, elle revêt d'autres significations. Cependant, elle indique que l'éventualité de créer un être vivant à partir d'un objet inanimé était déjà concevable à l'époque.

Les chiffres arabes

Il existe un récit apocryphe dans lequel un marchand allemand du XIIIe siècle explique à son fils que si tout ce qu'il souhaitait était d'apprendre à additionner et à soustraire, une université allemande suffirait, mais que s'il voulait connaître la multiplication et la division, il devait partir en Italie. L'intellect humain n'a pas beaucoup changé depuis des milliers d'années, voire des dizaines de milliers, alors qu'est-ce qui a rendu de simples calculs aussi difficiles ? À cette époque, tous les nombres étaient écrits en chiffres romains. Il suffit de penser à la difficulté de multiplier VI par VII et trouver XLII pour comprendre que calculer sur papier comme nous le faisons aujourd'hui était quasiment impossible. Ces opérations complexes étaient effectuées sur des tables de calcul. C'étaient des tables avec une grille marquée à la surface. Il y avait des colonnes pour les unités, les dizaines, les centaines, etc. Les pions étaient placés sur la table de calcul et les calculs étaient effectués en suivant les règles, semblables à celles de notre division ou de notre multiplication. Les planches rendaient l'arithmétique possible mais, comme nous venons de le voir, jamais facile.

La réponse à ces difficultés avait pourtant été inventée en Inde plusieurs siècles auparavant. Les mathématiciens indiens utilisaient un seul ensemble de dix chiffres dont le nombre définissait les dizaines, les centaines, etc., comme nous le faisons aujourd'hui. Quand nous lisons « 234 », nous savons que nous avons deux centaines, trois dizaines et quatre unités.

Ce nouveau concept a traversé l'Arabie jusqu'à l'Europe de l'Ouest, se heurtant à chaque étape à la méfiance et au mépris. La difficulté était le chiffre zéro, qui n'avait presque jamais été utilisé auparavant. Parfois, cela ne signifiait rien, comme avant un chiffre – 03 est identique à 3. Mais, dans d'autres cas, il multiplie un chiffre par dix ou par cent, voire plus – 30 n'est pas la même chose que 3. Avec les chiffres romains, chaque caractère avait toujours la même valeur ; I représentait toujours un an, et X toujours dix ans. Au début, le zéro n'était même pas compté comme un chiffre ; il était considéré comme autre chose, quelque chose d'étranger. Avec le temps, toutefois, l'avantage de la nouvelle méthode était devenu tel que cette dernière a fini par remplacer l'ancienne. Ce faisant, elle a considérablement augmenté la rapidité et la complexité des calculs susceptibles d'être effectués.

Golem

Le Talmud (le document religieux et juridique juif écrit aux alentours de 200 à 500 après J.-C.) contient quelques descriptions de golems – des créatures créées à partir de poussière et animées par un rituel religieux. Vers 1100, cela attira l'intérêt des érudits juifs et les histoires de golems devinrent courantes.

Le *Sefer Yezirah*[4], le « Livre de la Création », contiendrait les instructions pour créer un golem. Ce livre n'est rien d'autre qu'un récit de la création et de ses relations avec l'alphabet hébreu ; rien n'y précise : « Voici comment faire un golem ». Mais on estimait que la construction d'une telle bête était un acte de création employant la même technique que celle de

4. Rév. Isidor Kalisch, *Sepher Yezirah. Un Livre sur la Création ;* ou, *La Métaphysique Juive de l'Antiquité Lointaine.* Avec traduction en anglais, préface, notes explicatives et glossaire (New York, 1877 : L.H. Frank & Co). Une version est disponible en ligne sur le site web de Sacred Texts, consulté le 7 janvier 2016, à l'adresse http://www.sacred-texts.com/jud/sy/sy00.htm.

Dieu lorsqu'il avait créé Adam à partir de rien.

La méthode générale retenue par la légende consistait à créer une forme humaine à partir de la terre et à y placer un mot en texte hébreu – les lettres et les mots en hébreu étaient censés avoir un pouvoir spirituel. Le nom de Dieu était un choix populaire. Pour détruire le golem, il suffisait d'enlever ou d'effacer les lettres, et la créature retournait à la poussière à partir de laquelle elle avait été faite.

La plus célèbre des légendes de golem est celle du Golem de Prague, qui aurait été créé par le rabbin Loew (1520-1609). En réponse à sa prière, il reçut les instructions pour créer un golem. Il créa un corps géant à partir d'argile de rivière et il tourna sept fois autour dans un sens et sept fois dans l'autre, récitant des versets de la Torah avant de mettre un papier avec le nom complet de Dieu dans sa bouche et de prononcer le dernier verset.

Le golem prit vie et protégea la communauté juive. Quand sa tâche fut accomplie, le rabbin enleva le papier de la bouche de la créature qui revint à l'argile. Le corps aurait été entreposé dans le grenier de la synagogue au cas où il en aurait de nouveau besoin.

Pour les informaticiens modernes, l'une des nombreuses méthodes qui existent pour créer un golem s'avère digne d'intérêt. Afin de donner vie à la création plutôt qu'au nom de Dieu, on a écrit le mot אמת, *emeth*, qui signifie « vérité ». En plus de la vérité, qui était à l'époque une expression succincte du concept de divinité, ce sont les dernières lettres des derniers mots du récit du Livre de la Genèse 2,3. Ces mots peuvent être compris comme une instruction à l'humanité de perpétuer les actes que la création a commencés : « Dieu a créé pour faire »[5]. C'était l'instruction de vivre, selon les mots de Dieu lui-même. Nous pouvons comparer cela au robot moderne, qui comporte lui-même les instructions lui indiquant comment agir. Quand le golem a accompli sa tâche, on effaçait la première lettre, א, (l'hébreu est écrit de droite à gauche), ne laissant que מת, *met*, signifiant « mort ». L'instruction de vivre a été remplacée par l'instruction de mourir. C'est peut-être le tout premier exemple de piratage.

Frankenstein

Nous ne pourrions pas parler des précurseurs des machines à intelligence artificielle sans mentionner *Frankenstein*, de Mary Shelley. Ce roman – titre complet, *Frankenstein ou le Prométhée moderne* – a été publié en 1816, alors que Mary Godwin, âgée de dix-huit ans, voyageait à travers l'Europe avec son amant Percy Shelley et sa demi-sœur Claire Clairmont.

Claire, également âgée de dix-huit ans, était complice de la liaison illégale de Mary et de Shelley. Elle était elle-même éperdument amoureuse du poète George Gordon, Lord Byron. Byron ne lui rendait pas cet amour, mais il en profitait et Claire était enceinte de son enfant. Byron lui-même avait récemment quitté l'Angleterre à cause du scandale de ses relations avec sa demi-sœur et diverses dames de mauvaise réputation, qui avait conduit son épouse à le quitter en emmenant leur fille Ada.

---

5. Ceci est une interprétation des mots de cette époque – telles sont les difficultés de traduction et de compréhension de l'hébreu écrit il y a des milliers d'années. Voici une traduction telle qu'on la trouve dans *La Nouvelle Version Internationale de la Bible* : « Tout le travail de création qu'il avait fait ». Voir Bible Gateway, consulté le 7 janvier 2016, https://www.biblegateway.com/passage/?Search=Genesis%202-3.

Shelley avait passé l'été chez Byron et son médecin, John Polidori, au bord du lac Léman. C'est dans ce contexte que fut forgée l'histoire de Frankenstein.

Contrairement au golem du mythe juif, le monstre de Frankenstein a été créé à partir de morceaux rassemblés dans la salle de dissection et de l'abattoir. Bien que Shelley ne dise pas comment la créature passe d'inanimée à animée (les fameux éclairs magiques des adaptations cinématographiques ne figurent pas dans l'original), il est obtenu par la science plutôt que par le mysticisme, de toute évidence.

La création de Frankenstein avait un aspect monstrueux : « Sa peau jaune recouvrait à peine ses muscles et ses artères ; ses cheveux étaient d'un noir brillant et ondulaient ; ses dents étaient d'une blancheur nacrée ; mais ce foisonnement n'offrait qu'un contraste encore plus horrible avec ses yeux larmoyants, qui semblaient presque de la même couleur que les orbites blanchâtres dans lesquelles ils étaient placés, son teint flétri et ses lèvres noires et rectilignes »[6]. Néanmoins, il était intelligent et s'exprimait correctement. Ce n'était pas un sous-homme muet comme le golem, ni même le monstre à borborygmes du film, mais une personne pensante et attentionnée, même si elle avait commis des meurtres.

Babbage et ses machines analytiques

Seulement cinq ans après la publication de *Frankenstein*, le mathématicien et inventeur anglais Charles Babbage commença à travailler sur la première de ses machines, qui oc-

6. Mary Wollstonecraft (Godwin) Shelley, *Frankenstein ou le Prométhée moderne*. Le livre est disponible en ligne sur Project Gutenberg, consulté le 7 janvier 2016, https://www.gutenberg.org/ ou en version papier.

cuperont une grande partie de son temps pour le reste de sa vie.

À cette époque, les calculs complexes n'étaient pas effectués immédiatement – comme on peut le faire aujourd'hui avec une calculatrice de poche ou avec une application pour smartphone. Essayer d'effectuer ces calculs avec un crayon et du papier aurait exigé plusieurs minutes et comporté de nombreuses possibilités d'erreur. Les tables de calcul étaient imprimées pour permettre, par exemple, de trouver le taux de remboursement d'un prêt à un taux d'intérêt donné ou bien l'altitude requise et la puissance d'un pistolet pour un tir précis. Étant donné que ces tables étaient élaborées à la main, elles étaient elles-mêmes sujettes à des erreurs.

Alors que Babbage et son ami John Herschel étaient engagés dans le processus laborieux de vérification de ces tables, il déplora que les calculs ne puissent pas être automatiques. Et c'est ainsi qu'il se fixa pour objectif de fabriquer une machine capable de calculer.

La machine à différences

La machine qu'il créa, grâce à un financement du gouvernement britannique, fut la machine à différences. Ce n'était pas un ordinateur tel que nous le connaissons aujourd'hui, puisqu'il était seulement capable de gérer de simples calculs. C'était une énorme structure pesant environ 3,6 tonnes. Cependant, Babbage se disputa avec l'artisan qui fabriquait les pièces et la machine ne fut jamais achevée. Le gouvernement, ayant perdu 17 500 £, perdit confiance dans le projet et seul un morceau de la machine fut terminé.

Vers la fin du projet de la machine à différences, Babbage

La machine à différences fabriquée par le Musée des Sciences de Londres entre 1985 et 2002.

rencontra la mathématicienne Ada Byron, âgée de dix-sept ans, fille du poète Lord Byron, et fut frappé par ses compétences en mathématiques. Il l'invita à voir la machine à différences en l'état et elle en fut fascinée. Ensuite, ils entretinrent une correspondance et Babbage la surnomma affectueusement « l'enchanteresse du nombre ». Ada épousera plus tard William King, qui devint le comte de Lovelace. C'est sous le nom d'Ada, comtesse de Lovelace[7], que nous la connaissons aujourd'hui.

---

7. La femme d'un comte est une comtesse. En tant que fille du baron Byron, elle fut nommée l'honorable Ada Byron. Son mari était déjà baron quand elle l'épousa et, comme si ce n'était pas assez complexe, il portait le nom de famille King. On l'appela par la suite Lady Ada King. Quand son mari fut nommé comte de Lovelace, elle fut appelée « Ada, comtesse de Lovelace ».

La machine analytique

Babbage continua ensuite à travailler, non pas sur sa machine à différences, mais sur un projet plus colossal qu'il appela la Machine Analytique. Ce devait être un ordinateur mécanique, programmé avec des cartes perforées comme celles utilisées par le métier Jacquard[8] et capable de tout calcul mathématique. En 1842, Babbage demanda à Ada de traduire un article à propos de la machine, du français vers l'anglais, et d'y ajouter ses propres notes. Ces notes contiennent un programme pour la machine qui a la particularité d'être le premier programme informatique à être publié ; Ada Lovelace est de nos jours considérée comme la première informaticienne. Il est certain qu'elle a compris la machine mieux que quiconque, à l'exception de Babbage lui-même. Néanmoins, elle doutait que la machine conduise à quelque chose que l'on puisse qualifier d'intelligent. Elle écrivit : « La Machine Analytique n'a aucune prétention à créer quoi que ce soit. Elle peut accomplir n'importe quelle tâche à condition que nous sachions déjà le faire. Elle peut suivre un raisonnement mathématique, mais n'a aucun pouvoir d'anticiper les relations analytiques ou les vérités. Sa raison d'être est de nous aider à exploiter ce que nous connaissons déjà »[9].

---

8. Le métier à tisser Jacquard a été présenté pour la première fois en 1801. Il s'agissait du premier appareil à utiliser des cartes perforées pour conserver des informations. Dans ce cas, chaque trou (ou son absence) correspond à un ensemble de fils de chaîne qui sont levés (ou non) pour chaque fil de trame. Il a permis de créer et de reproduire des motifs complexes en grande quantité.

9. « Sketch of The Analytical Engine Invented by Charles Babbage » par LF. Menabrea de Turin, officier du génie militaire de la *Bibliothèque Universelle de Genève*, octobre 1842, n° 82. Avec notes sur le mémoire de la traductrice Ada Augusta, comtesse de Lovelace. Elle est disponible en ligne, consultée le 7

La machine analytique n'a jamais été construite ni même entièrement dessinée. Elle n'existe que sous la forme d'une série de morceaux de dessins. Cependant, tout en travaillant là-dessus, Babbage créa également un nouveau concept, une machine à différences utilisant les principes et améliorations tirés de la machine analytique. Comme à l'époque il ne disposait pas des fonds nécessaires pour la construire, cette deuxième machine à différences fut construite au Musée des Sciences de Londres entre 1985 et 2002 à partir des plans de Babbage, en utilisant seulement des matériaux et des techniques disponibles au XIXe siècle. Elle fonctionne comme prévu par Babbage.

Rosumovi Univerzální Roboti

Après 400 ans en Angleterre, revenons au pays du golem pour *R.U.R.* de Karel Čapek, pièce de théâtre jouée pour la première fois en 1920. Le titre complet est *Rosumovi Univerzální Roboti* – en français, *Les Robots Universels de Rossum.* C'est l'origine du mot « robot », dérivé du vieux mot tchèque *robota*[10], signifiant travail forcé. Dans la pièce de théâtre, les robots ne sont pas des dispositifs mécaniques, mais des créatures biologiques, bien que dépourvues d'émotion. La science avait beaucoup progressé depuis Frankenstein, mais ces créations semblent pourtant moins humaines que le monstre.

---

janvier 2016. http://www.fourmilab.ch/babbage/sketch.html.

10. Le mot *robota* n'est plus utilisé en tchèque moderne, sauf dans une petite zone du nord-est de la République tchèque. Il est toujours utilisé en slovaque et en russe.

Ce n'est qu'à la fin – après avoir détruit la race humaine – que ces créatures développent la capacité d'aimer.

Seconde Guerre mondiale

Les conflits mondiaux ont focalisé l'esprit d'une génération de mathématiciens sur le problème de l'exécution de processus mathématiques complexes aussi rapidement que possible. Les deux parties du conflit envoyaient des ordres et des informations stratégiques par radio et ces signaux étaient également reçus par leurs ennemis. Ces signaux étaient cryptés pour empêcher l'ennemi de les comprendre. La vie de centaines de personnes dépendait souvent de la capacité à décrypter rapidement ce code. L'automatisation de ces processus présentait des avantages évidents. À la fin de la guerre, il y avait deux machines susceptibles d'être considérées comme les ancêtres de l'ordinateur moderne. Les États-Unis avaient l'ENIAC (Ordinateur, Calculateur et Intégrateur Numérique) et le Royaume-Uni avait Colossus.

Aucune de ces machines n'était programmable comme nous le faisons aujourd'hui. Les configurer pour une nouvelle tâche impliquait de déplacer des câbles et d'actionner des interrupteurs. Mais la connaissance acquise en les construisant a permis aux premiers « vrais » ordinateurs de voir le jour trois ans après la fin de la guerre.

Ces premiers ordinateurs, tels que le SSEM – en français Machine Expérimentale à Petite Échelle[11] – et l'ED-

11. La Small Scale Experimental Machine a été construite à l'Université de Manchester au Royaume-Uni. Elle a exécuté son premier programme en juillet 1948.

VAC – en français Ordinateur à Variable Automatique[12] –, étaient de véritables ordinateurs. Ils étaient polyvalents, capables d'exécuter n'importe quel programme. Mieux encore, ils pouvaient garder ce programme en mémoire.

Moins de deux ans après la mise en service de ces ordinateurs, Alan Turing a écrit : « Je pense qu'à la fin du siècle, le sens des mots et des opinions aura tellement changé que l'on pourra parler de pensée en évoquant les machines sans s'attendre à être contredit »[13]. Les outils et l'état d'esprit étaient en place. La recherche sur l'intelligence artificielle pouvait alors commencer.

---

12. Le EDVAC a été construit au Laboratoire de Recherche en Balistique à Aberdeen, Maryland aux États-Unis en août 1949.
13. A.M. Turing, « Computing Machinery and Intelligence », *Mind: A Quarterly Review of Psychology and Philosophy* (octobre 1950): 433–60. L'article est disponible sur plusieurs sites internet dont le catalogue http://mind.oxfordjournals.org ou le site du prix Loebner http://www.loebner.net/Prizef/TuringArticle.html. L'article est compréhensible, je recommande aux lecteurs de s'y intéresser.

Chapitre 3

L'ordinateur

Avant d'examiner l'intelligence artificielle, nous devrions prendre un moment pour comprendre la technologie qui la rend possible. Tous les concepts avec lesquels nous aborderons les chapitres suivants sont des programmes informatiques, ce qui a des conséquences d'une portée considérable.

Le mot « computer », ou plutôt « calculateur » en français, n'a pas été inventé dans les années 1940. Avant le Zuse Z3[14] de l'EDVAC et du SSEM, un calculateur était une personne employée pour effectuer des calculs. Ces ordinateurs humains restaient assis à leur bureau toute la journée avec une feuille de papier, une feuille d'instructions imprimée et peut-être une machine à additionner mécanique. Ils travaillaient minutieusement selon les instructions, étape par étape, et produisaient un résultat. S'ils étaient assez prudents, le résultat était juste.

Pendant la Seconde Guerre mondiale, des ordinateurs ont été construits pour des tâches bien spécifiques. La machine à différences, par exemple, était conçue pour effectuer

14. Le Zuse Z3 a été construit en Allemagne pendant la Seconde Guerre mondiale et était plus avancé que tout ce que les Alliés avaient. C'était un véritable ordinateur polyvalent qui ne se distinguait des machines modernes que par le fait que son programme était placé sur du papier plutôt que sur une mémoire. Il a été détruit par un raid aérien allié à Berlin en 1943.

un seul et unique calcul. Si le travail changeait, quelqu'un devait concevoir un nouvel ordinateur. Pour cette tâche, des machines telles que le Calculateur Intégrateur Numérique Électronique (ENIAC)[15] ont été fabriquées. L'ENIAC était composé d'un ensemble de pièces pouvant être reliées entre elles selon différentes combinaisons afin d'effectuer différents calculs. Pour construire un nouvel ordinateur, il suffisait désormais d'un simple recâblage de la machine.

En 1936, Alan Turing a prouvé qu'un ordinateur suffisamment puissant pouvait prétendre être n'importe quel autre ordinateur. Par suffisamment puissant, il entendait théoriquement capable de réaliser n'importe quel calcul mathématiquement possible, tout en sachant que les exigences de mémoire et de temps pourraient réduire, dans la pratique, le champ des possibilités. On dit d'un tel système qu'il est « Turing-complet ».

Si vous possédiez un tel ordinateur, tout ce que vous aviez à faire pour en créer un nouveau était de fournir de nouvelles données à cette même machine. Aucun déplacement de câble ni autre modification matérielle n'était nécessaire.

Quelques mois après le lancement du premier programme du SSEM, l'ENIAC a été développé pour pouvoir être configurable de cette manière : ENIAC, une machine sans programme interne, qui comportait vingt accumulateurs et aucune mémoire, simulait un ordinateur doté d'un programme interne, un accumulateur et seize emplacements de mémoire. L'ordinateur qu'il imitait n'a jamais existé ; il était entière-

15. L'ENIAC a été construit pour l'armée américaine et passait le plus clair de son temps à calculer des tables d'artillerie, il a également participé aux calculs mathématiques des études concernant la bombe à hydrogène.

ment imaginaire. Le SSEM, EDVAC et tous les ordinateurs qui ont existé par la suite ont fait exactement la même chose. Contrairement à l'ENIAC, ils ne pouvaient pas être câblés à nouveau pour devenir des ordinateurs différents : ils implémentaient le cycle « instruction-exécution », conçu et utile uniquement pour émuler un autre ordinateur. En programmant un ordinateur, on concevait en réalité un nouvel ordinateur et on disait simplement au cycle *fetch-execute* comment il devait fonctionner.

C'est une distinction plutôt ésotérique qui peut être difficile à comprendre. Nous concevons l'ordinateur comme un matériel fixe acceptant des programmes. Nous ne sommes pas habitués à l'idée d'un programme en tant que formule permettant de créer un nouvel ordinateur. Cependant, il est important de comprendre la base mathématique des ordinateurs afin de concevoir les limites et les possibilités de l'intelligence artificielle. Si nous disons que le cerveau est un ordinateur – et par définition, en pratique, c'est le cas –, alors nous pouvons être certains d'être en mesure de programmer un ordinateur pour qu'il fasse les mêmes choses qu'un cerveau.

De même, étant donné que n'importe quel appareil que nous sommes en mesure de concevoir est animé par des règles mathématiques, nous pouvons à coup sûr l'émuler sur un ordinateur.

Les ordinateurs sont partout

Vous trouverez un calculateur, autrement dit un ordinateur, dans presque tous les appareils électroniques, souvent simplement parce qu'ils sont plus économiques que les autres options. Un grille-pain basique n'a pas vraiment besoin d'un ordinateur, mais le fait d'avoir ce seul composant au lieu d'une douzaine d'autres remplissant la même fonction réduit les coûts de production.

Ces ordinateurs sont proposés dans une large gamme de vitesses et de tailles différentes, mais ils sont tous fondamentalement capables de faire les mêmes choses. La mémoire de l'ordinateur de votre grille-pain peut ne pas contenir un tableur et n'a pas d'écran pour l'afficher, ni un clavier et une souris pour le modifier, mais ce ne sont que des limitations physiques. Si vous y installiez plus de mémoire et les bons périphériques, il vous serait possible de l'utiliser pour exécuter le programme de votre choix[16].

Bien sûr, dans ce livre, nous ne portons aucun intérêt particulier aux grille-pains. Mais qu'en est-il des robots ? Ce ne sont que des appareils électroniques dotés de périphériques particuliers, tels que des bras ou des roues, qui leur permettent d'interagir avec leur environnement.

Tout comme le grille-pain, les calculateurs qu'ils contiennent sont capables d'exécuter les mêmes programmes que n'importe quel autre ordinateur. Un programme utilisé dans un centre de données pour distinguer des images de chats et des images de chiens peut être utilisé via la caméra d'un robot et ainsi reconnaître des objets dans son environnement.

Langages informatiques

Dans le cycle *fetch-execute*, les instructions sont extraites de la mémoire par séquence, puis exécutées. La quantité d'instructions que l'ordinateur peut comprendre détermine sa potentielle efficacité de programmation. Tous les ordinateurs peuvent faire le même travail, mais ce que l'un

16. En pratique, la plupart de ces ordinateurs ne peuvent être programmés qu'une fois, en usine. Ceci permet de garder secret le programme qu'ils exécutent et de réduire les coûts d'assistance à la clientèle qui seraient engendrés si tout le monde les reprogrammait. Ils sont également beaucoup plus lents que les ordinateurs de bureau et le seraient encore plus si la majeure partie de leur mémoire se trouvait dans un périphérique externe. Cependant, de nombreux appareils ont de plus en plus la capacité d'être mis à niveau en y branchant un câble et il est fort à parier que pour un tel appareil, une personne quelque part a appris comment y installer son propre logiciel au lieu du programme fourni par le fabricant.

peut faire avec plusieurs instructions, un autre peut le faire avec une seule. Un ordinateur de bureau classique dispose de centaines d'instructions différentes, dont certaines sont utiles pour les mathématiques complexes ou les travaux graphiques. Mais il est possible de créer un ordinateur avec une seule instruction[17].

L'ensemble des instructions d'un ordinateur constitue un langage de la même manière qu'un ensemble de mots crée une langue. C'est ce qu'on appelle le code-machine, ou langage-machine. C'est un processus numérique, complexe et difficile à écrire pour un humain.

Le SSEM, EDVAC et la plupart des ordinateurs arrivés plus tard stockaient leur programme dans la même mémoire que celle qu'ils utilisaient pour les données exploitées. Cela signifie qu'il peut y avoir des programmes qui écrivent et modifient d'autres programmes. Grâce à l'ordinateur, nous pouvons concevoir des langages plus expressifs, plus gracieux et demander à l'ordinateur de les transcrire dans le langage du *fetch-execute*.

Il existe de nombreux langages informatiques et plusieurs d'entre eux sont conçus pour des applications de niche. Certains langages permettent de manipuler du texte, d'autres traitent efficacement des données structurées ou implémentent des concepts mathématiques de manière concise. La plupart, mais pas la totalité, sont composés de règles et de calculs, c'est ainsi que la plupart des gens comprennent les ordinateurs.

17. L'un des ordinateurs de ce type a l'unique instruction « Soustraire et sauter si c'est négatif ». Il suffit de trois instructions pour additionner deux nombres, mais il est possible de faire tout ce que tout ordinateur peut faire.

Modélisation

Les informaticiens parlent souvent de la construction d'un modèle de processus ou d'objet. Cela ne signifie pas qu'ils vont prendre du carton, du bois et de la ficelle pour en faire une réplique. Le terme « modèle » est un jargon mathématique qui consiste à écrire toutes les équations relevant du « comment ça marche » et à toutes les simuler afin de pouvoir les tester. Comme les ordinateurs sont très rapides, de telles expériences peuvent nous donner des réponses plus rapidement qu'une expérience réelle.

Dans certaines circonstances, il peut être contraire à l'éthique ou peu pratique de mener l'expérience dans la vie réelle. Le changement climatique en est un exemple. Nous n'avons ni Terre disponible ni le temps nécessaire pour l'expérimenter. Les modèles informatiques peuvent être une série d'équations très simples ou très complexes, selon le type d'informations que nous recherchons.

Supposons que nous voulions modéliser la physique du comportement d'une balle de caoutchouc. Dans un monde idéal, une balle larguée rebondit toujours à une certaine fréquence selon la hauteur à partir de laquelle elle a été lâchée. Si nous la lâchons de 1 mètre, elle devrait rebondir de 0,5 mètre. Ensuite, elle rebondira à nouveau et, cette fois, elle n'atteindra que 0,25 mètre, puis 0,125 mètre et ainsi de suite. Le temps nécessaire pour rebondir est simplement issu de la physique d'un objet en chute. Ce sont deux équations très simples, et ces deux nombres nous donnent la hauteur de chaque rebond et le temps qu'ils prennent[18]. Il serait inin-

18. Une balle idéale rebondit toujours un nombre infini de fois avant de

téressant de programmer un tel modèle sur un ordinateur. Cependant, ce n'est pas assez précis. La hauteur à laquelle la balle monte à chaque rebond dépend non seulement de la balle, mais aussi de la surface sur laquelle elle rebondit. Elle perd également de l'énergie lors du frottement à chaque rebond, à la fois pendant le rebond, ainsi que par la résistance de l'air. L'ajout de ces facteurs dans le modèle nécessiterait une somme importante de recherches et de connaissances en physique, mais ce ne serait pas une tâche insurmontable.

Supposons maintenant que nous essayions de calculer le chemin d'une balle de tennis lorsqu'elle est frappée par une raquette et rebondit sur le terrain. Nous devrions tenir compte des différents revêtements de terrain que la balle frappera à divers angles – la balle tournera également sur elle-même. Chaque rebond réchauffe l'air à l'intérieur de la balle et modifie ses propriétés. Ce serait un modèle considérablement difficile à construire.

Enfin, supposons que nous concevions une arme étrange qui tirerait des balles de caoutchouc à grande vitesse sur une cible, à une vitesse telle qu'elles se briseraient à l'impact. Nous devrons peut-être modéliser la substance qui compose la balle et suivre des fragments individuels au fur et à mesure qu'ils s'envolent. Nous pourrions même avoir à simuler chaque atome de la balle avant d'avoir un modèle assez précis pour nos besoins. Un tel modèle fonctionnerait lente-

s'immobiliser, mais puisque le temps pris par chaque rebond est également réduit, il complète ces rebonds infinis en un temps fini. Bien sûr, les balles idéales n'existent pas, mais si vous prenez un roulement à billes en acier et que vous le laissez tomber sur une surface très dure telle que le béton ou la pierre, vous pouvez entendre les rebonds passer d'un tapotement rythmique à un son audible à la tonalité de plus en plus aiguë. On entend le son « zip ».

ment sur les ordinateurs que nous avons actuellement, mais il serait parfaitement possible de le créer, car nous savons comment fonctionnent la physique et la chimie.

D'un point de vue très basique mais ambitieux, l'intelligence artificielle est une tentative de créer un modèle informatique du cerveau humain. Un modèle parfait serait idéal, mais quelque chose de moins précis serait probablement déjà efficace. Dans les chapitres suivants, nous aborderons diverses méthodes qui ont été utilisées pour essayer de produire un tel modèle.

Certaines d'entre elles ont porté leurs fruits, mais se sont avérées trop simplistes pour nos besoins. D'autres sont prometteuses. Certaines tentent de simuler le fonctionnement de la logique et de la raison, d'autres tentent de simuler des cellules cérébrales. La plupart des chercheurs pensent que la solution doit être trouvée quelque part entre ces niveaux de détail. Cependant, s'il est nécessaire de modéliser les cellules individuelles plus en détail, rien n'est fondamentalement impossible. Malgré cela, nous devrions probablement attendre encore une dizaine d'années pour que nos ordinateurs soient suffisamment puissants afin d'exécuter ce modèle à une vitesse convenable.

Chapitre 4

L'histoire de l'intelligence artificielle

L'invention de l'ordinateur a été la dernière pièce du puzzle qui a permis à la recherche sur l'intelligence artificielle de commencer sérieusement. Cependant, certains progrès avaient été réalisés auparavant. Les neurones artificiels ont été décrits par Warren S. McCulloch et Walter Pitts en 1943[19], lorsqu'ils ont prouvé qu'une machine de Turing complète pouvait être construite à partir de ces neurones. C'était une machine purement théorique. De nombreux tubes électroniques seraient nécessaires à la création de chaque neurone artificiel lors de la construction, alors qu'il suffit de seulement quelques fonctions logiques pour la version informatique : des circuits électroniques comprenant une ou plusieurs entrées et sorties fonctionnant selon une relation logique.

En 1950, Alan Turing a écrit un article intitulé « Computing Machinery and Intelligence »[20] dans lequel il soulignait les difficultés de définir l'intelligence. Il a proposé qu'un ordinateur capable de converser de manière informelle avec

---

19. W.S. McCulloch et W. Pitts, « Un calcul logique d'idées immanentes de l'activité nerveuse », *Bulletin of Mathematical Biophysics*, 5 (1943) : 115–33.
20. Cité à la note 13.

un humain sans qu'une distinction ne se fasse puisse être décrit comme une pensée. Pour évaluer si cet ordinateur en est capable, un test a été créé, le Test de Turing. Nous l'examinerons en détail plus tard.

Peu de temps après leur développement, des ordinateurs ont été utilisés pour les premières expériences en intelligence artificielle. Il s'agissait de machines petites et lentes. Le Manchester Mark I (dont le SSEM était un prototype) avait une mémoire de seulement 640 octets et une vitesse d'exécution de 555Hz. (En comparaison, un ordinateur de bureau moderne peut avoir une mémoire de 4 milliards d'octets et une vitesse d'exécution de 3 milliards de Hz). Cela signifiait que les calculs sélectionnés pour ces ordinateurs devaient être choisis avec soin. Durant la première décennie, les programmes d'intelligence artificielle se concentraient sur des applications de base. Ces programmes étaient dès lors les éléments constitutifs de la recherche en IA.

La machine Logic Theory[21], décrite en 1956, avait pour objectif de prouver des théorèmes mathématiques : en partant de cinq raisonnements, puis en déduisant chaque théorème compris entre le but et le raisonnement. Ces problèmes sont comme des labyrinthes. Vous pouvez supposer que le plus efficace sera d'aller dans la direction générale de l'objectif, mais dans la pratique, cela ne mène pas toujours au succès. La machine Logic Theory n'a pas réussi à résoudre des problèmes plus complexes pour cette raison. Elle sélec-

21. A. Newell et H.A. Simon, « La Machine Logic Theory : un système de traitement de l'information complexe », *Rapport technique P-868* (1956), The Rand Corporation, consulté le 8 janvier 2016, http://shelf1.library.cmu.edu/IMLS/MindModels/logictheorymachine.pdf.

tionnait des équations qui semblaient plus proches du but et rejetait celles qui semblaient l'en éloigner. Finalement, elle finissait souvent par abandonner également les équations dont elle avait besoin.

Toujours en 1956, John McCarthy du Dartmouth College, Marvin Minsky de l'Université Harvard, Nathaniel Rochester d'IBM Corporation et Claude Shannon de Bell Telephone Laboratories ont organisé un projet de recherche d'été sur l'intelligence artificielle au Dartmouth College de Hanover, dans le New Hampshire. C'était un atelier de deux mois sur l'IA qui réunissait les principaux chercheurs du milieu et constituait un événement majeur, notamment parce que le terme « intelligence artificielle » avait été inventé pour le titre du projet.

En 1959, le programme Checkers du pionnier américain de l'informatique, Arthur Samuel[22], adoptait une approche plus pragmatique que la machine Logic Theory. Le programme « Jeu de Dames » impliquait un processus similaire aux algorithmes génétiques qui seraient conçus au moins dix ans plus tard : le programme apprenait au fil du temps en jouant contre lui-même dans une série de jeux ; il se souvenait du résultat de ses mouvements, et il pouvait ainsi éviter de les répéter et choisissait donc les bons mouvements.

Saint... Eliza

En 1961, le mathématicien américain James R. Slagle a écrit un programme appelé SAINT, qui permettait de résoudre des problèmes de calcul au même titre qu'un étu-

22. A.L. Samuel, « Quelques études sur l'apprentissage automatique en utilisant le jeu de dames », *Revue IBM de recherche et développement*, 3 (3) (1959) : 210–29.

diant – de première année. Bien que centré sur le champ ésotérique du calcul, il s'agissait en réalité d'une autre tentative de résolution du problème de recherche. Cela ne fonctionnait pas en cherchant toutes les solutions possibles, mais plutôt en décomposant le problème en plusieurs parties plus petites qui pourraient être résolues plus facilement.

En 1964, l'étudiant américain en doctorat Danny Bobrow montra que les ordinateurs pouvaient être programmés pour comprendre le langage naturel (dans ce cas, l'anglais) avec suffisamment de finesse pour que l'on puisse leur demander de résoudre de simples équations algébriques[23]. Un an plus tard, le programme ELIZA, de l'informaticien allemand Joseph Weizenbaum, a conversé avec des utilisateurs qui ont été convaincus que c'était une vraie personne.

L'année 1966 a été marquée par l'inauguration du premier atelier concernant l'intelligence artificielle à Édimbourg, au Royaume-Uni. Ce fut la première d'une série de conférences annuelles. Cependant, la même année, la publication d'un rapport accablant sur l'état de la traduction automatique (traduction d'une langue humaine dans une autre) a considérablement réduit le financement pour la recherche en linguistique sur plusieurs années. Un tel écueil est survenu fréquemment étant donné que les progrès en intelligence artificielle se sont toujours avérés plus lents que ne le prédisaient ses partisans.

23. Par exemple, « Si Anne gagne deux fois plus en sept jours que Brian en trois jours, et que Brian gagne 100 £ en une journée, combien gagne Anne en 30 jours ? » Voir Daniel G. Bobrow, *Natural Language Input for a Computer Problem Solving System'* MIT Artificial Intelligence Lab Publications, AI Technical Reports, 1er mars 1964, consulté le 29 janvier 2016, http://hdl.handle.net/1721.1/5922.

Le premier système expert[24] a été présenté avec succès en 1967. Appelé DENDRAL[25], il a aidé les chimistes à analyser des données issues de la spectroscopie de masse (technique de chimie analytique permettant d'identifier la quantité et le type de produits chimiques présents dans un échantillon en mesurant la lumière qu'il émet lorsqu'il est chauffé) pour identifier des composés individuels.

En 1968, Richard Greenblatt, programmeur du Massachusetts Institute of Technology (MIT), créa un programme qui jouait assez bien aux échecs pour atteindre un classement de classe C dans les tournois – à peu près aussi bien qu'un membre actif d'un club d'échecs.

L'année 1969 a été marquée par l'organisation de la première Conférence internationale conjointe sur l'intelligence artificielle (IJCAI) à l'Université de Stanford, en Californie. La même année, Marvin Minsky et Seymour Papert, deux professeurs du MIT, ont publié un livre intitulé *Perceptrons* (autre nom de « neurones artificiels »), qui signalait des faiblesses jusque-là imprévues. Cet ouvrage est sans doute à l'origine de la réduction significative du budget de la recherche pendant une décennie ou deux.

SHRDLU était le sujet de la thèse de doctorat de l'étudiant américain Terry Winograd au MIT en 1971. Il utilisait un bras robotique imaginaire pour déplacer des blocs imaginaires. SHRDLU acceptait les commandes en anglais naturel et répondait de la même manière. Il pouvait formuler un

24. Voir page 63, « Systèmes experts ».

25. Robert K. Lindsay, Bruce G. Buchanan, E.A. Feigenbaum et Joshua Lederberg (1993). « DENDRAL : Étude de cas du premier système expert pour la formulation d'hypothèses scientifiques », *Artificial Intelligence* 61, 209–61, consulté le 8 janvier 2016, http://profiles.nlm.nih.gov/BB/A/B/O/M/.

plan pour atteindre son objectif. Par exemple, s'il voulait placer le bloc bleu sur le bloc rouge alors que le bloc jaune était déjà là, il savait qu'il était nécessaire d'enlever le bloc jaune d'abord. Il comprenait des mots tels que « le » du contexte précédent. On pouvait dire « ramasse le bloc rouge » puis « place-le sur le bloc bleu ». Il pouvait également se souvenir de chacun de ses mouvements passés, et pouvait les décrire et les justifier.

Freddy

L'Assembly Robotics Group de l'Université d'Édimbourg a construit Freddy en 1973. Il utilisait une vision binoculaire pour identifier les pièces d'un modèle, puis construisait le modèle à partir de ces pièces, ce qui prenait environ seize heures. Le rapport Lighthill de 1973, cependant, donnait un verdict négatif sur les progrès de la recherche sur l'IA au Royaume-Uni, ce qui entraîna une réduction radicale du financement public.

L'année suivante, Paul Werbos, étudiant américain en doctorat à l'Université de Harvard, a décrit une méthode permettant à des réseaux de neurones artificiels d'apprendre. Au milieu des années 1980, ce système a été largement adopté et a mis fin à la période de désuétude amorcée en 1969.

En 1975, un informaticien canadien présente le MYCIN grâce à la thèse du docteur Ted Shortliffe. Empruntant certaines idées de DENDRAL, il pouvait conseiller aux médecins un diagnostic médical. Malheureusement, il était peu utilisé, car il lui fallait plus de temps pour décrire les symptômes du patient que le médecin n'en mettait pour faire son diagnostic. Cependant, il a fortement influencé nombre de

Deep Blue, l'ordinateur qui a battu un grand maître des échecs, 1977.

futurs systèmes experts qui devinrent des produits commerciaux performants dans le milieu des années 1980. En 1975 également, Marvin Minsky a publié un article salué par les lecteurs concernant les « cadres » en tant que méthode de représentation des connaissances.

Hans Moravac a construit le Charriot Standford en 1979. Il s'agit du premier véhicule autonome capable de traverser une salle pleine d'obstacles et de naviguer dans le laboratoire d'IA. La première conférence nationale de l'Association Américaine pour l'Intelligence a eu lieu en 1980. En 1986, l'équipe d'Ernst Dickmann de l'Université de la Bundeswehr (Allemagne) a mis au point des voitures autonomes capables de rouler à 90 km / heure sur des routes désertes.

En 1987, Marvin Minsky a publié un article décrivant l'esprit comme un groupe d'agents coopérants, et Rodney Brooks a mis au point l'architecture de subsomption pour les robots, qui fonctionnait sensiblement de la même manière.

Lors de la guerre du Golfe de 1991, le programme DART (« Outil d'Analyse et de Replanification Dynamique » en français) a été utilisé pour planifier la gestion des ressources militaires dans la zone de guerre. Selon la DARPA[26] (agence de recherche en défense avancée de l'armée américaine), il aurait rendu rentables les trente dernières années d'investissements dans la recherche en IA.

En 1994, deux voitures robotisées, avec conducteurs d'urgence et passagers, ont parcouru plus de 1000 kilomètres dans les rues animées de Paris, puis de Munich à Copenhague. Le conducteur d'urgence approuvait les manœuvres, telles que le dépassement d'autres voitures, et prenait complètement la main en cas de situation difficile comme les travaux routiers. La même année, le programme informatique Chinook a obligé le champion du monde de dames à déclarer forfait et a battu le joueur classé deuxième. Trois ans plus tard, Deep Blue bat le champion du monde d'échecs et Logistello bat 6-0 le champion du monde d'Othello.

Tiger Electronics a introduit Furby sur le marché en 1998 en tant que première IA à être vendue dans un environnement domestique. Un an plus tard, Sony a sorti AIBO.

---

26. La Defense Advanced Research Projects Agency est une agence du département de la Défense des États-Unis chargée de soutenir les recherches qui aideront les forces armées du pays. Internet était, à l'origine, l'un de ses projets.

Dans sa thèse publiée en 2000, Cynthea Breazeal du MIT présente Kismet, un robot au visage exprimant des émotions.

iRobot a introduit le Roomba, un aspirateur autonome en 2002.

Les Rovers « Spirit » et « Opportunity » du programme américain d'exploration spatiale (NASA) ont atterri sur Mars en 2004. En raison du délai de transmission des signaux radio, ils devaient fonctionner de manière autonome et ne recevoir de la Terre que des commandes générales.

En 2005, une technologie permettant de suivre les activités web et multimédia des usagers permettait aux entreprises de recommander des produits susceptibles d'intéresser ces mêmes usagers d'internet. En 2011, les ordinateurs Watson d'IBM ont battu Brad Rutter et Ken Jennings, champions de l'émission télévisée américaine *Jeopardy*.

En 2015, la flotte de voitures autonomes de Google avait parcouru plus de 1,5 million de kilomètres et n'avait été impliquée que dans quatorze accidents mineurs, dont aucun n'était causé par une faute de la voiture. Google prédit actuellement que la technologie sera disponible pour le public en 2020.

Chapitre 5

Faites ce que je dis, pas ce que je fais

Les premiers chercheurs à avoir essayé de créer l'intelligence artificielle ont estimé que l'on avait simplement besoin d'un grand nombre de règles. Il était clair dès le départ que la création d'un esprit similaire à l'esprit humain allait exiger beaucoup de règles, probablement plus qu'un ordinateur était capable d'en gérer. Les débuts ont donc été progressifs. Comme il semblait évident que seul un humain pouvait jouer à des jeux comme les échecs, cela a été l'un des premiers problèmes abordés.

Être un stratège

Les jeux les plus faciles que l'on puisse faire gagner à un ordinateur sont les jeux de stratégie. Dans le « 21 », le jeu commence quand le premier joueur dit « 1 » puis chaque joueur ajoute 1, 2, ou 3 au chiffre précédent. Personne ne doit dire 21, celui qui dit 21 a perdu. Une partie peut ressembler à cela décrite à la page suivante.

Alice : 1
Bob : 3
Alice : 6
Bob : 9
Alice : 11
Bob : 14
Alice : 17
Bob : 19
Alice : 20
Bob : 21. Il a perdu.

Comme nous pouvons le voir dans cet exemple, la stratégie gagnante consiste à être certain d'être le joueur qui fait le mouvement vers le 20, car ce n'est qu'à ce moment-là que votre adversaire est contraint de prendre le coup perdant. Par conséquent, votre coup précédent doit vous assurer que vous avez une chance de passer à 20 et que votre adversaire ne le fait pas. Donc, votre coup doit être inférieur à 17. Cependant, votre ajout suivant et celui de votre adversaire doivent totaliser 20. Vous ne pouvez pas mettre plus de 3 et votre adversaire ne peut qu'ajouter 1. Ainsi, le coup le plus bas que vous puissiez faire est 16. Il en résulte que le joueur qui fait le coup à 16 va gagner. On peut répéter le même argument et prouver que 12, 8 et 4 sont aussi des coups gagnants.

Un ordinateur pourrait être facilement programmé pour jouer à ce jeu. Il suffit de passer à un multiple de 4 si cela est autorisé, et sinon d'effectuer un ajout aléatoire.

De tels programmes utilisent certes le même raisonnement que l'homme, mais ils ne sont ni très intéressants ni très instructifs en ce qui concerne l'intelligence.

Min-Max

S'il n'y a pas de stratégie gagnante, l'ordinateur peut rechercher le meilleur coup qu'il puisse faire. Supposons que son adversaire ait dit « 17 ». Il peut envisager chacun de ses mouvements possibles – 18, 19 ou 20 – et décider lequel est le meilleur. Pour chacun, il faut étudier les mouvements ultérieurs possibles de son adversaire, puis son propre prochain mouvement, etc. Cela commence par 18, auquel l'opposant peut répondre 19, 20 ou 21. Évidemment, ce serait une bonne chose, mais dans les autres cas, il faudrait faire un autre mouvement, qui devra être examiné minutieusement. Il devra vérifier toutes ces possibilités (ici, les mouvements de l'ordinateur sont soulignés) :

<u>18</u>, 19, <u>20</u>, 21
<u>18</u>, 19, <u>21</u>
<u>18</u>, 20, <u>21</u>
<u>18</u>, 21
<u>19</u>, 20, <u>21</u>
<u>19</u>, 21
<u>20</u>, 21

Supposons que notre adversaire utilise son mouvement le plus élevé, et que nous espérons le faire aussi. Lorsque nous considérons chacun de nos mouvements, nous écartons ceux qui ont le moins de chances de nous faire gagner, mais lorsque nous considérons chacun des mouvements de notre adversaire, nous écartons ceux qui ont le moins de chances de le faire perdre. C'est ce que l'on appelle la stratégie Min-Max – nous choisissons l'avantage maximal lorsque nous choisissons nos mouvements, et l'avantage minimal lorsque nous sélectionnons les mouvements de notre adversaire. En l'appliquant aux mouvements énumérés ci-dessus, il nous reste :

18, 20, 21,
19, 20, 21,
20, 21

Le passage à 18 ou 19 pourrait nous faire perdre, car dans les deux cas, notre adversaire peut passer à 20 et imposer une victoire. Si nous voulons gagner, notre seul mouvement possible est 20. Bien sûr, nous le savions déjà, car nous savons qu'il existe une stratégie gagnante.

Même ici, sur ce qui sera notre dernier coup, il y a encore sept jeux possibles à explorer, avec un total de quatorze coups différents. Plus tôt dans la partie, il y en avait encore plus. En fait, 121 415 parties et 266 078 mouvements doivent être pris en compte dès le début. Ce sont des nombres compliqués pour un humain, mais un ordinateur peut les gérer facilement. Dans un jeu aussi simple, il existe des techniques évidentes que nous pouvons utiliser pour réduire l'effort. Par exemple, une fois que nous avons étudié le passage à 15, nous pouvons nous souvenir des résultats par la suite.

Le nombre de jeux et de mouvements possibles devient beaucoup plus grand dans les jeux les plus complexes. On estime que les échecs ont environ 1000 millions de millions de millions de millions de millions de millions de millions de mouvements possibles dans une partie. (Les mathématiciens représentent de tels nombres sous forme exponentielle. Celui-ci serait 10^{45}, que vous pouvez lire comme 1 avec 45 zéros après.) Même si, comme Deep Blue, notre ordinateur pouvait évaluer 200 millions de positions par seconde, il faudrait quand même 2 millions de millions de millions de millions (2 × 1024) d'années pour faire le premier pas, ce qui est fort regrettable car la Terre ne tiendra pas si longtemps. Tout programme moins long ne doit donc envisager qu'un nombre limité de déplacements et étudier ce qui va en découler stratégiquement. Il y a, à peu près, trente mouvements qui peuvent être effectués à tout moment dans une partie d'échecs. Par conséquent, n'envisager que deux mouvements pour chaque joueur implique 810 000 positions sur le plateau. Trois mouvements représenteraient 729 000 000 positions, ce qui prendrait beaucoup de temps à un ordinateur, mais serait toujours réalisable. Malheureusement, un joueur qui n'a que trois coups d'avance est un mauvais joueur d'échecs. Au lieu d'examiner toutes ces positions et de se limiter à trois d'avance, des optimisations sont possibles. Si beaucoup de pions sont pris, le programme peut alors étudier comment la suite va se dérouler et ainsi ignorer certains mouvements s'ils semblent inintéressants.

Au cours des dernières décennies du XXe siècle, on pensait qu'un élagage agressif de séquences peu prometteuses permettrait une appréciation approfondie des mouvements les plus forts. En fait, il s'est avéré qu'évaluer les déplacements avec suffisamment de précision pour réaliser ces optimisations prenait plus de temps que d'évaluer tous les déplacements. Les programmes modernes ont tendance à n'être que faiblement optimisés, ce qui est un peu décevant du point de vue de l'intelligence artificielle, étant donné que les bons joueurs humains ont tendance à ne considérer qu'environ quarante déplacements par coup ; ils savent par expérience quels mouvements méritent d'être envisagés. Par expérience, en tant que joueur médiocre, je trouve que le plus difficile aux échecs est l'évaluation de l'impact de nos déplacements et la formulation d'une stratégie, ce qui est la partie la plus facile à programmer. Bien que je ne décide pas quels mouvements sont intéressants aussi bien qu'un bon joueur, j'ignore probablement plus de la moitié des mouvements disponibles à un moment donné (la plupart du temps), et c'est précisément cela qui est difficile à programmer.

Langage naturel

Un autre sujet qui a été étudié au début du développement de l'intelligence artificielle était la conversation en langage dit « naturel ». Les humains apprennent à parler au cours de leurs premières années et ne commencent à lire et à écrire que plus tard. Les ordinateurs trouvent la compréhension du parler[27] extrêmement difficile, mais comprennent facilement le texte. Malgré tout, presque aucun programme de conversation existant ne peut comprendre ce que l'utilisateur dit de manière significative. Quelques-uns des plus avancés tentent de décider quels sont les noms, les verbes, etc. dans une phrase, mais la plupart d'entre eux ne le font même pas.

27. Je ne discuterai ni de la reconnaissance de la parole ni de la reconnaissance d'objets visuels dans ce livre. Les deux domaines utilisent des combinaisons complexes de technologies d'intelligence artificielle et de transformations mathématiques qu'il serait impossible d'expliquer simplement ici. Bien qu'ils soient probablement à la pointe de l'utilisation de méthodes telles que les réseaux neuronaux, leur compréhension n'est pas nécessaire pour comprendre ces outils.

Joseph Weizenbaum, auteur du programme ELIZA.

Une conversation avec Eliza

L'un des premiers programmes de conversation était ELIZA, il avait été écrit pour explorer comment les gens pourraient attribuer une personnalité à un programme informatique. ELIZA jouait le rôle d'un psychothérapeute. Voici un extrait représentatif d'une conversation reprenant le programme original[28] :

« Bonjour, docteur ».

« Comment allez-vous ? Qu'est-ce qui vous amène ici ? ».

28. Bien que le document original décrive le fonctionnement du programme en détail, il n'incluait pas le programme lui-même. Cette conversation a eu lieu avec le programme de médecins à Gnu Emacs, qui semble être à peu près équivalent à l'original. Voir *Système d'exploitation Gnu*, consulté le 8 janvier 2016, http://www.gnu.org/software/emacs/.

« Je ne peux pas dormir ».

« Pourquoi dites-vous que vous ne pouvez pas dormir ? ».

« Je suis allongé dans mon lit, à regarder le plafond ».

« Est-ce à cause de vos projets que vous dites que vous êtes allongé dans votre lit, à regarder le plafond ? ».

« Je n'ai pas de projets ».

« Peut-être que votre vie a quelque chose à voir avec ça ».

« Ma vie est très bien ».

« Qu'est-ce qui vous fait croire que votre vie est très bien ? ».

« Je gagne plus d'argent que mon père n'en a jamais gagné ».

« Parlez-moi de votre famille ».

Joseph Weizenbaum, l'auteur du programme, a déclaré que les personnes qui l'utilisaient avaient rapidement noué des liens émotionnels, le traitant parfois comme un véritable psychothérapeute. Certains d'entre eux ont refusé de croire qu'ils ne parlaient pas à une vraie personne. Lorsqu'il a proposé d'y ajouter une extension pour stocker les conversations, afin de les examiner plus tard, Weizenbaum a été accusé d'essayer d'espionner les secrets intimes des gens. Ceci est d'autant plus surprenant qu'on aurait pu dire qu'ELIZA ne comprenait tout au plus que deux mots de tout ce que l'utilisateur saisissait sur son clavier. L'une des règles qu'il suivait était : lorsqu'une phrase commence par « je », répondre avec la même phrase en changeant le pronom et en y ajoutant un début de phrase aléatoire. Vous en avez deux exemples ci-dessus. En voici un autre :

« Je fdgdnfkgldjdf ».

« Pensez-vous vraiment que vous fdgdnfkgldjdf ? ».

Les *chat-bots* modernes se sont développés au fil du temps, ils sont donc plus sophistiqués que cet exemple initial. Ils peuvent faire correspondre des mots proches les uns des autres dans une phrase et stocker certaines informations pour une utilisation ultérieure. Vous pouvez leur dire « ma voiture est bleue » et ils comprendront que ce que l'on appelle une « voiture » est de couleur « bleue ». Ils peuvent également être connectés à une base de données et l'utiliser comme source supplémentaire de connaissances. S'ils se trouvaient sur le site web d'une banque, ils pourraient vous indiquer le solde de votre compte.

Tout comme les programmes d'échecs, ces programmes de discussion ne ressemblent pas vraiment à de l'intelligence. Tout au plus, on pourrait dire qu'ils offrent un aperçu de la propension de l'homme à anthropomorphiser les machines les plus élémentaires, conclusion de Weizenbaum.

Difficile à comprendre

D'autres personnes ont essayé d'écrire des programmes similaires qui analysent les entrées de l'utilisateur en fonction des noms, des verbes, etc. Mais ils ont immédiatement constaté que la tâche était beaucoup plus difficile qu'ils ne l'avaient supposé. Pour tenir une conversation, un ordinateur doit avoir de très nombreuses connaissances à propos de notre société. Prenez cette phrase :

« *Time flies like an arrow* ». (Le temps file comme une flèche)

Sa signification est claire et simple pour nous, mais pleine d'incertitude pour un ordinateur. Elle peut être analysée de quatre manières différentes, signifiant toutes des choses différentes :

– *Time flies like an arrow* (signification correct ; *time* est le sujet, *flies* est le verbe) ;

– *Time flies like an arrow,* c'est-à-dire « Les mouches du temps aiment les flèches » (le sujet est *flies* et le verbe est *like*) ;

– *Time flies like an arrow,* c'est à dire « Les mouches chronomètrent tel qu'une flèche » (le sujet est *flies* mais le verbe est *time*).

Pour que l'ordinateur sache quel sens est correct, il doit connaître chaque sens que chaque mot peut avoir, et a contrario quel emploi un mot ne peut pas avoir. Dans ce cas-là, il faut qu'il sache qu'un être qui n'est pas physique (le *temps*), ne peut pas agir ; que *les mouches du temps* n'existent pas et enfin qu'elles sont incapables de chronométrer. Le programme doit donc se créer une base de données. Même si la structure d'une phrase est évidente, sa signification nécessite toujours beaucoup de connaissances de base. Il est facile de prendre une phrase du type « le chat regarde la souris » et de déduire que quelque temps auparavant, un chat a exécuté une action appelée regarder sur un objet appelé souris, mais cette connaissance est peu utile à moins que l'on sache ce qu'est un chat et une souris et ce que signifie regarder. Un programme informatique devrait être extrêmement complexe et sa base de données très complète avant de pouvoir reproduire la réaction d'un humain à la lecture d'une telle phrase.

De tels programmes ont leur place dans des mondes restreints, où leur base de données n'a pas besoin d'être aussi étendue. Auparavant, les jeux d'aventure sur ordinateur étaient toujours pilotés par un utilisateur saisissant du texte tel que « allez au nord », ce qui a permis de donner des instructions telles que « dites à Jack 'donner l'épée à Julie' ».

Puis est arrivé le pointer-et-cliquer sur les jeux graphiques, et le texte est devenu trop lent à utiliser. De nombreux jeux contiennent maintenant des conversations avec des personnages, mais le joueur est limité entre certains sujets de conversation dans un menu. Ce serait un milieu idéal pour utiliser l'analyse syntaxique en langage naturel ; le monde est restreint, l'ordinateur est capable de tout savoir et les machines de jeu sont assez puissantes pour le supporter – si les développeurs graphiques n'exploitaient pas toute la puissance matérielle pour les graphiques. La saisie de texte est peut-être encore trop lente pour la plupart des gens, mais la saisie vocale s'améliore constamment.

Systèmes experts

Les systèmes experts constituaient un autre domaine d'interrogation. Ceux-ci permettent à l'utilisateur de saisir une liste de données afin que le système en déduise des faits. Un exemple serait un diagnosticien médical : le médecin saisit tous les symptômes montrés par le patient et l'ordinateur diagnostique la maladie. Malheureusement, les premières tentatives de création de tels systèmes ont échoué pour les mêmes raisons que les autres : la connaissance. Les experts médicaux ne sont pas en mesure de régurgiter tous les faits qu'ils connaissent de manière complète et logique. Ajouter des faits à un système existant aurait demandé de réécrire une partie du programme. Ce qu'il fallait, c'était un moyen de représenter les faits médicaux séparément du programme, tout comme les *chat-bots* avaient besoin d'une base de données mondiale.

Chapitre 6

Cadres, connaissances et apprentissage

Inventons un système expert pour traiter les problèmes de la maison. Tout d'abord, nous discutons avec de nombreux experts et nous établissons une longue liste de règles, telles que :

SI il y a une coupure de courant ALORS les lumières et les appareils ne fonctionnent pas

SI le fusible a sauté ALORS les lumières ne fonctionnent pas OU les appareils ne fonctionnent pas

SI une ampoule est en panne ALORS une lumière ne fonctionne PAS

SI un appareil est en panne ALORS un appareil ne fonctionne PAS

LORSQU'il y a une coupure de courant VOUS DEVEZ attendre

LORSQUE le fusible a sauté VOUS DEVEZ le changer

LORSQU'une ampoule est en panne, VOUS DEVEZ la changer

LORSQU'un appareil est en panne, VOUS DEVEZ le faire réparer.

Nous devrons également ajouter à cela quelques règles de bon sens :

SI toutes les lumières ne fonctionnent pas ALORS une lumière ne fonctionne PAS

SI tous les appareils ne fonctionnent pas ALORS un appareil ne fonctionne pas

SI toutes les lumières et tous les appareils ne fonctionnent pas ALORS toutes les lumières ne fonctionnent PAS

SI toutes les lumières et tous les appareils électriques ne fonctionnent pas ALORS tous les appareils électriques ne fonctionnent PAS.

Les premiers systèmes experts ont pris ce type de données et ont créé un programme qui finirait par donner quelque chose comme :

« Si le problème est qu'une lumière ne fonctionne pas, vérifiez alors si toutes les lumières ne fonctionnent pas. Si les autres lumières fonctionnent, demandez à l'utilisateur de changer l'ampoule. Sinon, demandez si les appareils fonctionnent. Si les appareils ne fonctionnent pas, informez l'utilisateur qu'il y a une coupure de courant et qu'il doit attendre. Sinon, dites-lui de changer le fusible ».

« Si le problème est qu'un appareil ne fonctionne pas, demandez alors si tous les appareils ne fonctionnent pas. Si les autres appareils fonctionnent correctement, demandez à l'utilisateur de faire réparer celui qui est en panne. Sinon, demandez si les lumières fonctionnent. Si les lumières ne fonctionnent pas, informez l'utilisateur qu'il y a une panne de courant et qu'il doit attendre. Sinon, dites-lui de réparer le fusible ».

C'est un moyen tout à fait valable de créer un système expert, mais il est très peu flexible. Nous ne pouvons pas lui demander : « Quels sont les symptômes d'une coupure de courant ? » Et il est difficile d'y ajouter des connaissances. Disons que nos experts reviennent une fois que le système est créé en annonçant qu'ils ont oublié quelque chose. Lorsque nous allons plus loin, nous trouvons les nouvelles règles suivantes :

SI le disjoncteur de fuite à la terre se déclenche, ALORS toutes les lumières et tous les appareils ménagers ne fonctionnent pas

SI il y a une coupure de courant, ALORS les autres maisons de la rue sont dans le noir

LORSQUE le disjoncteur de fuite à la terre se déclenche, VOUS DEVEZ le réinitialiser.

Maintenant, nous devons revenir à notre programme et trouver les paragraphes qui correspondent aux lumières et aux appareils qui ne fonctionnent pas et insérer de nouvelles instructions pour traiter le disjoncteur de fuite à la terre aux bons endroits. Ces modifications sont complexes et sujettes aux erreurs.

Au lieu de cela, nous pouvons séparer les règles du programme et écrire le programme afin qu'il utilise les règles pour rechercher une recommandation. Pour ce faire, il formulera et testera des hypothèses comme le ferait un humain.

Si nous disons que la lumière ne fonctionne pas, il cherchera toutes les raisons pour lesquelles cela pourrait arriver : une ampoule est tombée en panne ou toutes les lumières ne fonctionnent pas. Nous pouvons vérifier cela en demandant à l'utilisateur si les autres lumières fonctionnent. Lorsque nous avons la réponse, nous pouvons en conclure que l'ampoule est défaillante et suggérer à l'utilisateur de la changer. Si nous devons modifier certaines règles, nous pouvons le faire sans toucher au programme. En fait, le même programme pourrait être utilisé avec un ensemble de règles totalement différentes, peut-être pour diagnostiquer les défaillances d'un véhicule ou décider de proposer un prêt à des clients d'une banque.

Cadres

L'écriture de toutes les règles comme celle-ci fonctionne assez bien pour résoudre des problèmes logiques avec des réponses de type oui ou non. Lorsque le problème devient plus complexe, nous avons besoin de quelque chose de plus flexible. Si nous voulons que notre *chat-bot* soit capable de dialoguer, nous devons lui donner beaucoup de connaissances sur le monde. Il a besoin de savoir que le ciel est bleu et que le citron va avec le thé, mais pas l'orange. Cela se fait grâce aux cadres. Chaque concept connu du programme a un cadre et dans celui-ci, un nombre donné de relations individuelles. Nous pouvons enregistrer que Sue a vingt-sept ans et qu'elle travaille dans un hôpital.

Comme nous l'avons vu, le *chat-bot* a beaucoup à apprendre avant de pouvoir suivre une conversation, mais il peut également apprendre d'autres choses au cours de cette même conversation. Pendant qu'il discute avec Sue, il pourrait découvrir que son mari s'appelle Jack. Il pourrait ensuite créer un nouveau cadre pour Jack et mettre une relation entre les deux cadres pour montrer qu'ils sont mariés. Le programme saura que Jack est humain, il pourra donc le lier au cadre des humains. Maintenant, il sait que Jack a deux bras et deux jambes, comme tous les humains. Bien sûr, Jack pourrait être amputé et le programme s'apprête à faire une

***Watson, l'ordinateur qui a participé à* Jeopardy!**

gaffe ; mais c'est précisément le genre d'erreur que pourrait commettre un humain dans la même situation. Une fois qu'il s'est excusé, il peut noter dans le cadre de Jack que, bien qu'un humain ait généralement deux jambes, Jack n'en a qu'une. Plus le programme parle, plus il apprendra. Il faut à un enfant humain environ une décennie ou peut-être deux pour maîtriser la conversation, mais un ordinateur peut lire beaucoup plus rapidement que n'importe quel être humain, et internet dispose de toutes les connaissances dont il pourrait avoir besoin.

Élémentaire, mon cher

Quand, en 2011, l'ordinateur IBM Watson a battu deux champions humains dans le jeu télévisé *Jeopardy*, il devait non seulement comprendre les questions posées en anglais naturel, mais également consulter une base de données générée à partir de 2 millions de pages en anglais naturel afin de trouver la réponse. Une fois la question comprise, il consultait sa base de données et trouvait un certain nombre de réponses possibles. Chaque réponse était vérifiée de différentes manières afin de s'assurer qu'elle était correcte et pertinente.

Watson triait les réponses qui défilaient selon leur probabilité d'exactitude, sur la base de ce qu'il avait appris au fil de nombreuses heures de pratique en utilisant d'anciennes questions de l'émission. Cela n'est pas si différent de la façon dont un programme d'échecs teste de nombreux mouvements possibles, mais en l'occurrence, ce sont des données imparfaites du monde réel qui sont exploitées, plutôt qu'un jeu abstrait et des données parfaites.

IBM utilise maintenant la technologie Watson dans des produits destinés aux relations avec la clientèle, aux soins de santé et à la finance. Actuellement, il n'est utilisé que par les médecins et les opérateurs de centres d'appels, mais d'ici peu, il pourra être déployé dans des applications pour smartphone que le public pourra utiliser directement.

Les cadres sont très utiles pour ranger et stocker les connaissances, mais ils ont les mêmes limites que les programmes d'échecs ; pour disposer des connaissances suffisantes pour permettre à un ordinateur de converser librement sur n'importe quel sujet, il faudrait plus de cadres que ce qui est exploitable dans un délai raisonnable. La puissance des processeurs augmente sans cesse. Watson prenait l'espace d'une pièce entière alors que les superordinateurs modernes font à peu près la taille d'un PC de bureau classique. Néanmoins, le cerveau humain est un processeur plutôt lent ; les signaux le parcourent à environ 120 mètres par seconde, et non à la vitesse de la lumière. Si l'on nous demande de nommer une personne aux cheveux roux, nous ne dressons pas consciemment la liste de toutes les personnes que nous connaissons en nous demandant si leurs cheveux sont roux. On ne peut s'empêcher de penser qu'il doit exister un moyen de rendre l'accès au savoir plus efficace.

Watson ne converse pas ; il serait moins utile si c'était le cas. Il ne comprend uniquement la langue que pour pouvoir comprendre les questions et avoir une référence. Les réponses qu'il donne sont précises, en fonction du degré de confiance que Watson leur accorde. Répondre aux questions de manière concise est une utilisation assez banale du langage. J'ai cessé d'apprendre la langue française à l'école, parce que je la trouvais horriblement formelle. À la question : « Où est le stylo de votre tante ? », je n'avais qu'à modifier la question et insérer la réponse : « Le stylo de ma tante est… ». Bien sûr, si je m'y étais tenu pendant un an ou deux, j'aurais pu répondre : « Il était dans le bureau quand elle faisait ses mots croisés. Avez-vous jeté un coup d'œil à côté de la chaise ? »

Il y a peut-être de l'espoir pour Watson, cependant : on raconte que IBM a dû déconnecter Watson de l'Urban Dictionary[29] (l'un des sites internet sur lesquels il trouvait ses informations) parce qu'il commençait à devenir grossier. En effet, générer des réponses naturelles qui évoquent une personnalité cohérente et qui correspondent au comportement de l'interlocuteur, voilà un tout nouveau défi.

29. The Urban Dictionary, http://www.urbandictionary.com/ est un dictionnaire public de l'argot de rue. Il n'est pas recommandé pour ceux qui peuvent être facilement offensés.

Chapitre 7

La logique floue

Le type de logique binaire utilisée par les ordinateurs ne permet que deux états ; une affirmation est soit vraie soit fausse. Dans le monde réel, en revanche, une situation est rarement aussi claire. On peut ne pas avoir faim ni pas faim ; avoir un petit creux n'est pas la même chose qu'être affamé. Avoir un peu froid est beaucoup moins grave que mourir de froid. Les règles que nous écrivons dans les programmes informatiques peuvent facilement devenir trop complexes une fois que nous avons pris en compte toutes ces échelles de sens. Un insecte a un certain nombre d'instincts qui lui indiquent comment réagir dans diverses situations. Il pourrait parfois avoir tendance à s'éloigner de la lumière. Ainsi, il se cache sous les feuilles et les rochers afin que les prédateurs ne le trouvent pas. Plus tard, il se dirigera vers la nourriture, sinon il mourra de faim. Si nous construisions un robot coléoptère, nous pourrions lui enseigner des règles telles que :

SI la lumière est supérieure à 50% et la qualité de la nourriture inférieure à 50%, ALORS éloignez-vous, SINON continuez.

Que se passe-t-il si la nourriture et la lumière sont au même endroit ? Un insecte rassasié doit rester en sécurité dans l'obscurité, alors que s'il a faim, il doit courir un danger pour se nourrir. Plus la lumière est brillante, plus elle est dangereuse ; et plus la qualité de la nourriture est élevée, plus l'insecte devrait courir un risque pour la manger. Nous pourrions modéliser cela avec un peu plus de règles :

SI la faim et la lumière dépassent 75% et la qualité des aliments est de moins de 25%, ALORS changez de direction.

Cependant, ces règles ne gèrent pas très bien les extrêmes. Notre robot pourrait mourir de faim parce que la lumière est de 76% ou la qualité de la nourriture de 24%, mais il risquerait davantage de se mettre en danger si les chiffres étaient différents de 1%. Nous pouvons ajouter quelques règles supplémentaires pour prendre en charge les cas extrêmes et spéciaux, mais le programme deviendra bientôt un fouillis que personne ne comprendra. Comment pouvons-nous gérer toutes les variations sans ajouter de complexité ?

Disons que nous dirigeons une agence de rencontres. L'une de nos clientes souhaite des hommes grands, mais pas des hommes riches. L'un des hommes figurant dans notre base de données mesure 1,78 mètre et gagne deux fois le salaire moyen national par an. Devrions-nous les présenter ? Comment pouvons-nous juger qui est grand ou riche et, pire encore, comment pouvons-nous sélectionner les hommes dans notre base de données afin de trouver la meilleure correspondance ? Nous ne pouvons pas soustraire le salaire à la taille, pas plus que nous ne pouvons additionner des pommes et des oranges.

Le dilemme des rencontres

La logique floue a été conçue pour répondre à ce genre de questions. En logique normale, les conditions énoncées dans les règles ci-dessus sont vraies ou fausses, 1 ou 0. Il y a de la lumière ou il n'y en a pas, un homme est grand ou petit. En logique floue, la valeur de vérité d'une condition peut avoir une valeur comprise entre 0 et 1. Nous pourrions dire qu'un homme de plus de 2 mètres de hauteur est vraiment grand, et un homme de moins de 1,70 mètre n'est vraiment pas grand. Ensuite, nous pourrions dire que la taille de notre client de 1,78 mètre correspond à une valeur de 0,55 – pas vraiment grand, mais tout de même un peu. Pour trouver son degré de « non-grandeur », il suffit de soustraire son degré de grandeur à 1. Il est donc grand de 0,55 et pas grand de 0,45.

Un scarabée se cache dans l'obscurité avant de sortir pour se nourrir.

Nous pourrions aussi avoir une catégorie pour la petitesse et nous pourrions décider qu'un homme de moins de 1,60 mètre est plutôt de petite taille et que quelqu'un de plus de 1,75 mètre n'est pas petit. Un autre élément est à prendre en compte : quelqu'un peut être à un certain degré grand, et à un autre degré petit. Petit n'est pas la même chose que non grand ; il y aura des nombres différents pour grand, petit, pas grand et pas petit.

De même, on pourrait dire qu'il est riche de 0,2, ce qui le rend non riche de 0,8. Notre première cliente a spécifié « grand et non riche », nous devons donc calculer « 0,55 et 0,8 », ce qui pourrait donner 0,44[30]. Nous pouvons trier tous nos candidats et sélectionner ceux dont le score est le plus élevé afin de les présenter à notre cliente.

De même, notre insecte peut avoir une règle qui lui dit de se déplacer vers la nourriture s'il a faim et si la lumière ne brille pas trop.

Résolution de problèmes

Ces deux exemples montrent les types de problèmes qui peuvent être résolus avec une logique floue. Les systèmes experts sont construits en utilisant l'expertise des humains. Avec un peu de chance, ils donneront des règles spécifiques pouvant être incluses dans le système. Elles pourraient être :

« Si la température est supérieure à 95 degrés pendant deux minutes, ou à 97 degrés pendant une minute, le thermostat est cassé ».

30. Il existe plusieurs façons de calculer les opérations ET et OU en logique floue. Le choix est pragmatique et repose sur la manière dont les chiffres doivent se comporter. Ici, j'ai choisi de les multiplier. Une autre méthode plus pure mathématiquement serait de prendre le plus bas des deux nombres. Dans tous les cas, le nombre le plus élevé n'aurait aucun effet sur le résultat ; un homme de la même taille, mais seulement non riche à 0,5 aurait le même résultat que notre homme à 0,8 non riche.

Malheureusement, elles sont beaucoup plus susceptibles de ressembler à :

« Si la température est trop haute pendant trop longtemps, alors le thermostat pourrait être cassé ».

Et il appartient au programmeur d'indiquer des nombres spécifiques. Avec la logique floue, nous pouvons créer des règles qui sont identiques à celles de l'expert.

« SI la température est trop élevée ET la durée où la température est trop haute est trop longue, ALORS le thermostat est cassé ».

Le programme attribue ensuite une valeur à la proposition selon laquelle le « thermostat est cassé », quelque part dans la plage de 0 à 1. Si la température est seulement un peu trop élevée et qu'elle n'a pas été élevée depuis très longtemps, la valeur pourrait être 0,1, soit peu probable (que le thermostat soit cassé). D'autres règles auront probablement des résultats plus élevés. Par exemple, si une autre règle détermine que le refroidisseur d'entrée cassé correspond à une valeur de 0,95, le programme indiquera que la cause la plus probable du défaut est le refroidisseur d'entrée. Les nombres sont appelés possibilités. Ce ne sont pas des probabilités ; il n'y a pas 10% de chances que le thermostat soit cassé, pas plus que notre valeur de 0,55 pour la taille d'un homme ne correspond à ses chances d'être grand. C'est simplement un chiffre qui nous représente sa taille. De même, nous concluons que nous sommes sûrs à 10% que le thermostat est cassé, mais à 95%

que le problème est le refroidisseur d'entrée.

Un système expert plus complexe pourrait permettre de décider si une banque doit accepter ou non de prêter de l'argent à un client. Certaines des règles peuvent être les suivantes :

SI le salaire EST élevé ET que la sécurité de l'emploi EST élevée, ALORS le risque EST faible.

SI le salaire EST faible OU la sécurité d'emploi EST faible, ALORS le risque EST moyen.

Cette partie du programme pourrait décider que :

le risque EST faible = 0,1
le risque EST moyen = 0,3
le risque EST élevé = 0,7.

Ces trois chiffres peuvent être convertis en un nombre unique représentant le risque en utilisant des procédures mathématiques trop complexes pour être décrites ici. (C'est ce que l'on appelle la défuzzification). Ainsi, nous pouvons voir que le risque est probable, légèrement au-dessus de moyen.

Une autre utilisation de la logique floue consiste à contrôler des machines, comme par exemple la commande d'un système de chauffage. Les règles dans un tel cas pourraient être :

SI la température EST élevée, ALORS le chauffage EST coupé

SI la température EST très basse, ALORS le chauffage

EST élevé

SI la température EST basse ET la hausse EST lente, ALORS le chauffage EST élevé

SI la température EST basse ET la hausse EST rapide ALORS le chauffage EST moyen

SI la température EST légèrement basse ET la hausse EST lente ALORS le chauffage EST moyen

SI la température EST légèrement basse ET la hausse EST rapide ALORS le chauffage EST coupé.

Lorsque nous appliquons toutes ces règles, nous constatons que le chauffage peut être éteint, moyen ou élevé. Puis, nous convertissons ces options en un seul et unique numéro représentant le réglage du chauffage.

Le système flou prend le contrôle de l'appareil et génère des signaux de contrôle pour changer l'état en fonction de celui que l'on souhaite. Les systèmes de contrôle flou sont excellents lorsque l'équipement est non linéaire, lorsque le contrôle doit être adaptatif.

Une bonne adaptation à la logique humaine ?

La logique floue est intéressante pour deux raisons. Tout d'abord, elle fonctionne, il s'agit d'une méthode utile pour convertir l'expertise humaine en un système automatisé. Les systèmes experts et les programmes de contrôle que nous pouvons construire grâce à elle peuvent résoudre des problèmes difficilement solubles avec des systèmes logiques mathématiques ou normaux. Deuxièmement, elle est surtout intéressante parce qu'elle semble bien correspondre à la façon dont nos esprits fonctionnent. Elle convertit bien les compétences : les experts ont la possibilité d'exprimer précisément la manière dont ils ont besoin que l'appareil fonctionne. La manière d'exprimer une donnée de manière floue, se chevauchant avec d'autres, correspond bien à notre façon de penser.

Jusqu'à présent, nous avons vu différentes méthodes de création de l'intelligence qui dépendent de programmeurs humains créant des listes de règles sous une forme ou une autre. Cette approche fonctionne bien et de tels programmes sont utilisés dans de nombreux domaines, mais ils dépendent tous de ces listes de règles. Le problème est que nous ne savons toujours pas comment un ordinateur peut penser. C'est ce que sont ces listes de règles : des tentatives de construire un programme de réflexion à partir de ce que nous comprenons du processus de réflexion. Ces études ont prouvé de manière assez concluante que nous ne comprenons pas encore assez bien ce qu'est le processus de pensée. L'idéal serait que nous puissions supprimer ces règles et simplement préciser ce que nous voulons que notre programme fasse. C'est ce que tentent les prochaines technologies dont nous discuterons.

Chapitre 8

Architecture de subsomption

Programmer des ordinateurs de manière traditionnelle n'est pas facile ; le programmeur doit tenir compte de chaque situation que le programme peut rencontrer et spécifier comment chacune d'entre elles doit être traitée. En effet, plus de la moitié du travail nécessaire à la création d'un programme, quelle que soit sa taille, consiste à rechercher les cas mal traités et à modifier le code pour les corriger.

Au fil des décennies, de nombreux outils ont été développés pour rendre la programmation plus efficace et réduire le nombre d'erreurs. Bien que la programmation soit certainement plus efficace de nos jours qu'elle ne l'était en 1948, année de l'invention de l'ordinateur, elle n'en est pas moins sujette à erreurs. Un programmeur commettra à peu près le même nombre d'erreurs pour cent lignes de programme, quels que soient les outils utilisés. On raconte que si quelqu'un inventait un moyen de permettre aux ordinateurs d'être programmés en anglais simple, nous découvririons que les programmeurs ne savent pas parler en anglais simple. Les erreurs ne sont pas seulement, ni même principalement, dans le programme lui-même ou dans les données qu'il utilise, mais dans la spécification de la tâche. Si un programme d'intelligence artificielle à usage général devait être écrit en utilisant une logique, des règles et des cadres, il serait certainement énorme – et d'énormes programmes contiennent énormément de bugs.

La chambre chinoise

La difficulté de créer un système intelligent à grande échelle utilisant la logique, des règles et des cadres a conduit à se demander si une telle chose serait un jour possible. En 1986, John Searle a mis en avant une expérience de pensée qu'il a appelée La Chambre Chinoise, afin de montrer qu'un ordinateur manipulant des symboles ne pourrait jamais prétendre comprendre le monde, même s'il le faisait parfaitement.

Supposons qu'un homme soit placé dans une pièce avec une réserve de crayons et de papier et un grand livre de règles. De temps en temps, des bouts de papier sont introduits dans la pièce avec des « gribouillis ». L'homme consulte le livre des règles pour obtenir des instructions sur la manière de traiter ces symboles et prend des notes pour le faire. Il finit par produire un autre bout de papier avec d'autres gribouillis, qu'il envoie alors à l'extérieur de la pièce. Sans qu'il le sache, ces bouts de papier contiennent des questions et des réponses écrites en chinois. L'homme ne connaît pas le chinois et ne reconnaît même pas les caractères chinois, mais les réponses qui sortent de la salle sont des réponses correctes pour les questions posées.

Bien sûr, l'homme se substitue à un ordinateur en faisant exactement ceci : suivre un ensemble de règles pour manipuler des symboles. Le programme de la chambre chinoise propose un programme informatique montrant tous les signes de l'intelligence, sans pour autant montrer qu'il peut comprendre les informations qui y circulent.

Éviter l'utilisation de symboles

Selon Searle, cela prouve qu'un programme manipulant des symboles ne pourra jamais être conscient. Cet argument a été attaqué et défendu à plusieurs reprises depuis sa première publication et nous y reviendrons plus tard. Dans tous les cas, cela a eu pour effet de ralentir le travail sur l'IA purement logique en faveur de systèmes fonctionnant sans manipulation de symboles. L'une de ces tentatives les plus poussées est l'architecture de subsomption, qui permet d'éviter l'utilisation exclusive des symboles. Au lieu d'une énorme base de données d'images pour modéliser le monde, la réalité est perçue directement.

Une architecture de subsomption n'est pas un programme travaillant sur du texte caché dans des centres de données, c'est un robot physique qui utilise divers dispositifs (capteurs) pour aborder le monde et qui en utilise d'autres (actionneurs) pour le manipuler. Rodney Brookes a déclaré : « L'observation clé est que le monde est son propre meilleur modèle. Il est toujours complètement à jour. Il contient toujours tous les détails qui doivent être connus. L'astuce consiste à le détecter correctement et assez souvent »[31].

C'est ce que l'on appelle l'IA située ou incarnée[32] ; beau-

31. Rodney A. Brookes, « Les éléphants ne jouent pas aux échecs », *Robotique et systèmes autonomes* (1990) : 6.
32. Les deux termes ont des significations légèrement différentes. L'IA située est physiquement placée dans un environnement réel. L'IA incarnée est dotée d'un corps physique. Le premier implique qu'il doit interagir avec

coup considèrent qu'il est d'une importance primordiale de créer un système intelligent qui évite les énormes bases de données difficiles à créer. Une architecture de subsomption est construite en couches de modules indépendants appelés comportements. Chacun d'eux est un simple programme qui trouve ses informations par le biais de capteurs et donne des instructions aux actionneurs. Des couches plus élevées peuvent également empêcher le fonctionnement de comportements plus primitifs.

Allen

Le premier robot construit à l'aide de ces techniques fut Allen, qui comportait trois niveaux de comportement. La couche inférieure évitait les obstacles en détectant des objets grâce à un sonar et en s'éloignant de ceux-ci. Concrètement, il restait immobile jusqu'à ce que quelque chose se rapproche de lui, après quoi il partait. Plus l'objet était proche, plus l'impulsion de s'en éloigner était forte.

La couche intermédiaire a modifié ce comportement en faisant bouger le robot dans une direction aléatoire toutes les dix secondes. La couche supérieure utilisait également le sonar pour rechercher des endroits éloignés et ajuster le trajet du robot pour y aller. À titre d'expérience, il s'agissait d'une démonstration technologique réussie, bien que le robot lui-même, se déplaçant au hasard d'un endroit à l'autre, n'ait pas grand intérêt.

---

l'environnement ambiant, le second qu'il doit le faire avec des capteurs et des actionneurs non idéaux. En pratique, bien sûr, vous ne pouvez pas avoir l'un sans l'autre.

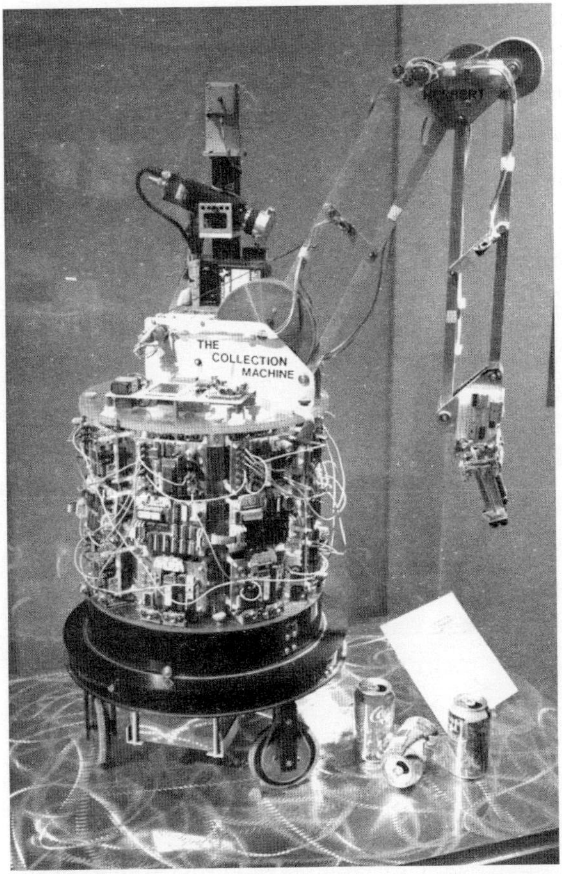

Herbert, le robot collecteur de canettes.

Herbert

Herbert[33] fut le troisième robot construit doté d'une architecture de subsomption. Il utilisait vingt-quatre microprocesseurs de huit bits pour exécuter quarante comportements individuels. Herbert pouvait parcourir le laboratoire d'intel-

33. Pour une description complète de Herbert, voir Jonathan H. Connell, « Une architecture de colonie pour une créature artificielle », *MIT sur le laboratoire d'intelligence artificielle, Rapports techniques AI 1151* (septembre 1989).

ligence artificielle du MIT à la recherche de canettes vides et les ramener à sa base, théoriquement pour les recycler. Les étudiants en recherche semblaient laisser traîner ces boîtes en fer blanc un peu partout. De manière plus pragmatique, les canettes étaient toutes de la même taille et de la même forme, et elles étaient invariablement posées en position verticale. Cela les rendait plus faciles à identifier et à manipuler.

Herbert n'avait pas de mémoire et ne pouvait pas planifier un chemin à travers le laboratoire. En outre, aucun de ses comportements ne communiquait avec les autres ; ils prenaient leurs informations via des capteurs et agissaient via des actionneurs. Par exemple, lorsque le bras était tendu de sorte que ses doigts soient situés de part et d'autre d'une canette, la main fermée, cela n'était pas parce que le logiciel contrôlant le bras avait terminé son opération, mais parce qu'un faisceau infrarouge entre les doigts était interrompu. De même, lorsque la main tenait une canette, le bras se rétractait.

Herbert était capable d'interagir avec le monde de manière plus flexible qu'un robot soumis à des règles et à une planification stricte. Si, alors qu'il traversait un couloir, quelqu'un lui donnait une canette vide, il la saisissait et la ramenait immédiatement à sa base. Pour ce faire, il n'avait pas besoin d'interrompre son processus de recherche. La main se fermait parce que la canette était là, et comme la main était fermée, il rentrait à la base au lieu de continuer l'exploration aléatoire.

Toto

Bien que l'on puisse penser qu'un robot soit incapable d'effectuer des tâches utiles sans être doté de mémoire, les chercheurs ont mis au point des méthodes pour contourner ces limitations. Le robot Toto[34] errait dans son environnement pour en dresser une carte, non pas comme une structure de données, mais comme un ensemble de points de repère.

Lorsqu'un repère était découvert, un comportement lui était attribué. Toto pouvait retourner à un endroit mémorisé simplement en activant le comportement associé à cet endroit. Ce comportement envoyait à plusieurs reprises un message activant les comportements les plus proches qui transmettaient à leur tour l'activation. Finalement, le comportement associé à la position actuelle du robot était activé. Le message qui provoquait cette activation passait par le plus petit nombre de comportements marquants et indiquait donc le chemin optimal. Le robot se déplaçait dans la direction du point de repère d'où provenait le signal d'activation. Une fois sur place, il recevait un nouveau signal d'activation et continuait dans la direction indiquée. Finalement, il empruntait le chemin le plus court, d'un repère à l'autre, jusqu'à l'endroit où il devait se rendre.

Le robot ne détectait pas les repères comme un humain pourrait le faire, en reconnaissant par exemple la porte d'un bureau, un pot de fleurs ou une grande imprimante, mais en notant des aspects de son propre comportement, selon

34. Toto est décrit par M.J. Mataric (1990), « Un Modèle distribué pour l'apprentissage et la navigation dans l'environnement des robots mobiles », *Rapport technique du laboratoire d'intelligence artificielle AI-TR 1228 du MIT* (1990).

qu'il suivait un couloir, un mur ou aucun des deux. Alors que Toto était seulement capable d'explorer une zone et d'y revenir sur commande, un robot plus sophistiqué pouvait associer des activités ou des événements aux points de repère et y revenir lorsque certaines conditions étaient réunies. Un robot alimenté à l'énergie solaire pourrait trouver des endroits où la lumière est forte et y revenir lorsque ses batteries sont presque épuisées. Un robot de collecte de canettes pourrait se souvenir des endroits où les élèves sont particulièrement enclins à laisser leurs canettes vides.

L'architecture de subsomption fournit des explications convaincantes concernant le comportement d'animaux tels que les insectes ou les invertébrés – les cafards ou les escargots. La programmation d'un robot utilisant l'architecture de subsomption est fixée. Si nous voulons que le robot fasse autre chose, nous construisons un robot différent. Ce n'est pas ainsi que fonctionnent nos cerveaux. Ils grandissent et changent en vieillissant et en apprenant. Mais tous les animaux n'ont pas un cerveau aussi complexe que le nôtre. *Caenohabditis elegans* (généralement abrégé en C. elegans) est un ver nématode d'une longueur de 1,2 millimètre qui vit dans l'humidité parmi les particules du sol. Tout son système nerveux central est composé de 302 cellules nerveuses seulement[35]. Chaque individu semble avoir exactement les mêmes cellules, reliées de la même manière. Il semble que son comportement soit figé ; si nous voulons un ver qui fasse quelque

35. J.G White, E. Southgate, J.N. Thomson et S. Brenner, « La structure du système nerveux du nématode Caenorhabditis elegans », *Démarches philosophiques de la Royal Society of London, série B, Sciences biologiques*, vol. 314, n° 1165 (12 novembre 1986), 1-340.

chose de différent, nous devons trouver un autre type de ver.

Des réflexes ?

Il existe de nombreux robots pour lesquels ce degré d'intelligence est tout à fait approprié. Un aspirateur, par exemple, doit seulement être sûr de couvrir toute la surface du sol de la manière la plus efficace possible, sans être dérouté par des obstacles pouvant apparaître et disparaître au cours de son fonctionnement. Mais l'architecture de subsomption peut également être utile aux niveaux les plus basiques d'un robot plus intelligent, afin de mettre en œuvre des réflexes. Nous clignons des yeux lorsqu'un objet s'approche et nous enlevons notre main lorsque nous touchons quelque chose de douloureux. Les deux actions sont trop rapides pour impliquer une pensée consciente et ces réflexes instantanés n'impliquent pas nécessairement le cerveau ; lorsque votre médecin vous tape sur le genou et que votre jambe réagit, les signaux ne font que passer du genou à la colonne vertébrale puis aux muscles. Dans notre cas, un robot qui a trop de logiciels à exécuter va penser trop lentement. Un ensemble rapide de réflexes sous-jacents à cette programmation nous permettrait de construire un robot à la fois sensible à son environnement et intelligent. C'est peut-être la voie à suivre. Bien que l'architecture de subsomption puisse reproduire avec succès le comportement des insectes, des réflexes, etc., il n'a pas été démontré qu'elle était capable de gérer le raisonnement de haut niveau impliqué dans des domaines tels que le langage ou l'apprentissage. C'est certes un élément important du puzzle, mais cela ne semble pas être la solution.

Capitre 9

Réseaux de neurones

Le système nerveux central d'un animal est composé de cellules appelées cellules nerveuses ou neurones. Comme toutes les cellules, elles ont un noyau contenant de l'ADN et une membrane cellulaire qui contient tout le reste. Contrairement à la plupart des autres cellules, elles peuvent être assez grandes. Les cellules nerveuses qui reçoivent les impressions sensorielles des orteils parcourent tout le chemin depuis la base de la colonne vertébrale. Les neurones du cou d'une girafe s'étirent sur toute sa longueur. Les cellules nerveuses ont généralement trois parties : soma, dendrites et axone. Le soma est le corps de la cellule, où se trouve le noyau. Les dendrites sont des filaments courts et ramifiés qui reçoivent des signaux d'autres cellules nerveuses. L'axone est un long fil ramifié qui transmet des signaux à d'autres cellules nerveuses. La connexion entre l'axone d'une cellule et la dendrite d'une autre s'appelle une synapse.

Une cellule nerveuse fonctionne par l'émission d'une impulsion le long de l'axone. L'impulsion est soit présente, soit absente, allumée ou éteinte ; elle n'est jamais plus ou moins forte. Les signaux provenant d'autres neurones déterminent la probabilité qu'un neurone déclenche son propre signal. Les signaux provenant d'autres cellules peuvent rendre une cellule plus ou moins susceptible de se déclencher ; ils peuvent également modifier les effets des autres signaux. Il y a des neurones qui ne se déclenchent que lorsqu'ils reçoivent des signaux et d'autres qui se déclenchent encore et encore sauf si un signal les inhibe. Certains se déclenchent plus ou moins fréquemment en fonction des signaux reçus. Autrefois, nous pensions qu'une cellule nerveuse était un simple appareil qui rassemblait tous ses signaux et qui se déclenchait lorsque le total dépassait un certain seuil. Maintenant, nous savons qu'elles sont capables d'un peu plus que cela.

Des ordinateurs « cerveaux »

En moyenne, un cerveau humain contient environ 100 milliards de neurones, chacun d'entre eux étant connecté à 7000 autres en moyenne. Si nous partons du principe que l'esprit humain découle du fonctionnement du cerveau, notre unique explication sans faire appel à la religion[36], nous pouvons alors estimer la puissance d'un ordinateur dont nous avons besoin pour correspondre à un cerveau humain. Nous aurons besoin d'une opération de base par synapse environ, et il faudra les exécuter environ 1000 fois par seconde. Cela représente 1017 opérations par seconde. Au moment de la rédaction de ce livre, le micro-ordinateur domestique a une vitesse d'environ 109 opérations par seconde dans cha-

36. Dans son article de 1950, Alan Turing écrivait : « Il me semble que l'argument cité plus haut implique une sérieuse restriction de l'omnipotence du Tout-Puissant… ne croyons-nous pas qu'il était libre de conférer une âme à un éléphant s'il le jugeait utile ? Nous pourrions nous attendre à ce qu'il exerce ce pouvoir uniquement en conjonction avec une mutation qui fournit à l'éléphant un cerveau amélioré de manière appropriée pour répondre aux besoins de ce type. Un argument de forme exactement semblable peut être présenté pour le cas des machines ». A.M. Turing, « Computing Machinery and Intelligence », *Mind* 49 (1950) : 433–60.

BU SCIENCES - LUMINY
0400000

Nom du client : Ashraf ALASSANI

Documents empruntés

Titre : Intelligence artificielle
Identifiant : 1421587323
Date de retour prévue :
vendredi 13 novembre 2020

Tous les documents : 1
23/10/2020 13:33
Emprunté(s) : 8
Document(s) en retard : 0
Demandes de réservation : 0
Disponible(s) pour le prêt : 0

Merci de votre visite

Quantum Computing since democritus
Scott Aaronson.

Godel Escher Bach, an eternal golden braid.

cun de ses quatre processeurs – mais il existe des processeurs plus rapides. Nous pouvons atteindre environ 1011 opérations par seconde avec du matériel peu coûteux, mais nous aurions besoin d'un million de processeurs de ce type pour arriver au niveau du cerveau humain. Toutefois, la puissance des ordinateurs a tendance à doubler tous les dix-huit mois, ce qui signifie qu'ils sont cent fois plus rapides tous les dix

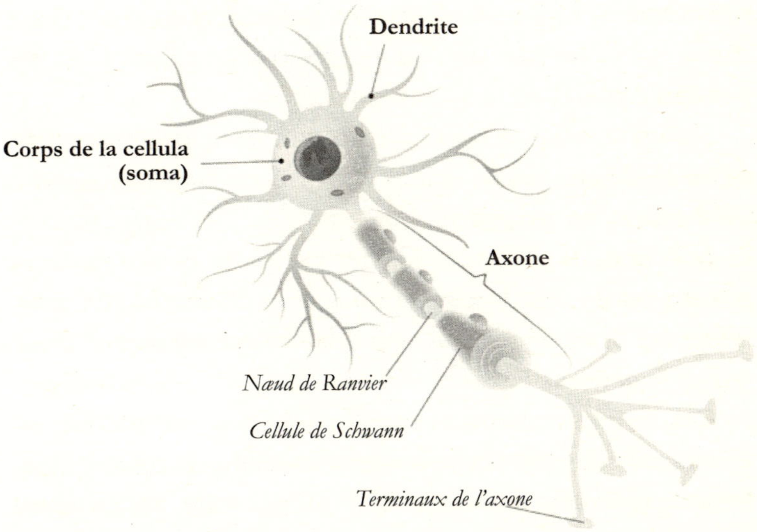

ans. Dans les trente prochaines années, nous pouvons nous attendre à voir des ordinateurs correspondant à la puissance de calcul du cerveau humain.

Bien sûr, un ordinateur rapide n'engendrera pas tout de suite une intelligence artificielle. Nous devons également savoir comment le programmer. Si le cerveau est composé de neurones et qu'il est intelligent, nous devrions peut-être faire en sorte que notre programme simule des neurones.

Un réseau de neurones est un réseau de neurones artificiels. Les neurones artificiels actuellement utilisés sont plus simples que les vrais. Ils acceptent des milliers d'entrées, les additionnent et se déclenchent si le total dépasse un seuil. Chacune des entrées a une quantité de déclenchement configurable, nous pouvons donc définir l'effet de chacun sur le total. Si le total est négatif, il empêchera le déclenchement.

Par exemple, supposons que nous ayons un neurone avec trois entrées, A, B et C, et un seuil de 2. L'entrée A est pondérée par 1, l'entrée B est pondérée par 2 et l'entrée C est pondérée par –1.

Si seule l'entrée A est active, la somme est 1 et le neurone ne se déclenche pas. Si seule l'entrée B est active, la somme est 2 et le neurone se déclenche.

Si l'entrée B et l'entrée C sont toutes les deux actives, la somme est 2 – 1 = 1 et le neurone ne se déclenche pas, mais si l'entrée A est également active, la somme est de 1 + 2 – 1 = 2 et le neurone se déclenche.

Ces neurones peuvent être utilisés pour construire un programme informatique, mais ils sont plus complexes que les langages déjà employés et ils n'apportent aucun avantage. Au lieu de cela, nous pouvons en constituer de grands groupes, comme dans un cerveau, et permettre aux valeurs de toutes les entrées de changer. Ensuite, nous pouvons apprendre à l'ensemble à faire ce que nous voulons sans avoir à comprendre comment cela fonctionne.

Les neurones sont disposés en trois couches au moins, certaines implémentations en ont jusqu'à 30. Chaque couche contient de nombreux neurones, peut-être quelques milliers. Ainsi, un réseau neuronal complet peut contenir 100

000 neurones ou plus. Chaque neurone reçoit les entrées de tous les neurones de la couche qui la précède et envoie des signaux à tous les neurones de la couche qui suit. Nous les

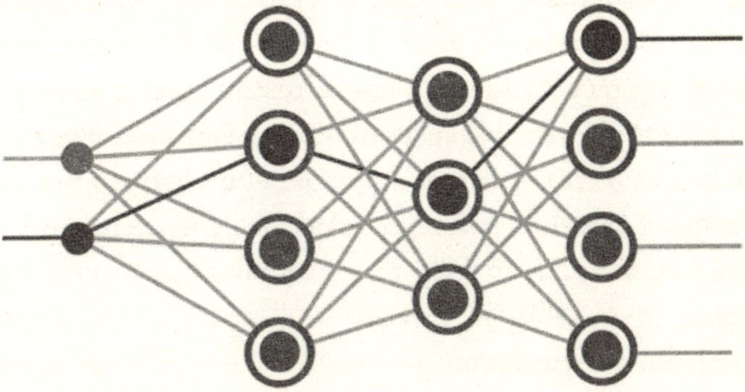

Un réseau de neurones artificiel de trois couches.

utilisons en injectant des signaux dans la première couche et en interprétant les signaux qui sortent de la dernière couche.

Former un réseau de neurones

En premier lieu, ce qui sortira du réseau sera aléatoire, car nous ne lui avons pas expliqué ce qu'il devait faire. Nous lui donnons donc beaucoup de données pour lesquelles nous connaissons la réponse que le réseau neuronal devrait donner. Le problème posé pourrait consister en l'observation des images d'un champ de bataille, suite à quoi il faudrait déterminer s'il y a des chars d'assaut. Nous pouvons prendre quelques milliers de photos avec et sans chars et les insérer dans la première couche du réseau. Ensuite, nous ajustons les poids de toutes les entrées de tous les neurones afin que la sortie de la dernière couche se rapproche de la bonne réponse. Cela implique des mathématiques complexes, mais il est possible de tout automatiser. Nous répétons ce processus encore et encore, en affichant chaque image d'entraînement des centaines de fois. Progressivement, les erreurs se réduisent de plus en plus jusqu'à ce que le système réponde toujours correctement. Une fois le réseau formé, nous pouvons lui attribuer de nouvelles images et, si nous avons choisi les données d'entraînement avec soin et les avons effectuées pendant un nombre de cycles suffisant, le système nous indiquera de manière fiable s'il existe ou non un char dans l'image.

Le principal problème des réseaux de neurones est que nous ne savons pas comment ils parviennent à leurs conclusions et, par conséquent, nous ne savons pas s'ils cherchent vraiment ce que nous voulons qu'ils recherchent. Si toutes les images avec des chars ont été prises par une journée ensoleillée et que toutes les images sans chars ont été prises sous la pluie, le réseau neuronal nous dira probablement si nous avons besoin d'un parapluie ou non.

Étant donné que les réseaux de neurones n'ont pas besoin de nous pour leur dire comment obtenir les réponses, nous pouvons les utiliser même lorsque nous ne savons pas nous-mêmes comment faire. La reconnaissance d'objets dans des images en est un exemple. Un autre réseau pourrait prédire comment le marché boursier va évoluer. Tant qu'une grande quantité de données d'entraînement de bonne qualité est disponible, un réseau de neurones peut être programmé pour accomplir un travail.

Même si les neurones artificiels sont des modèles simplifiés de véritables cellules nerveuses, il est intéressant de noter que les réseaux de neurones fonctionnent de la même manière que le cerveau. Des scans du cerveau montrent que certaines zones sont sensibles aux changements entre la lumière et l'obscurité, le haut, le bas, la gauche ou la droite. Google[37] dispose de réseaux de neurones formés à la reconnaissance d'objets, de sorte que ses utilisateurs peuvent demander à voir des images de chats. Ces réseaux comportent environ trente couches, mais Google a montré que les premières couches analysent l'image en recherchant des limites entre les objets. Ces réseaux n'étaient pas programmés pour le faire ; ce comportement est apparu simplement, lorsque l'on a formé le réseau dans son ensemble.

37. Google est une marque deposée de Google Inc.

CHAPITRE 10

L'informatique évolutive

Les réseaux neuronaux s'inspirent de la nature pour imiter les cellules qui constituent les vrais cerveaux. Les algorithmes génétiques et l'informatique évolutive utilisent les méthodes de la sélection naturelle pour créer un programme qui résout les problèmes que nous posons. Dans la nature, une population d'organismes comprend généralement plusieurs milliers d'individus à la fois. Plusieurs générations sont souvent en vie au même moment. L'apparence de chaque individu est stockée dans ses chromosomes. Chaque chromosome contient de nombreux gènes. Les individus les mieux adaptés aux conditions de vie sont les plus susceptibles de se reproduire. Des paires d'organismes s'accouplent et leurs gènes sont mélangés pour créer la prochaine génération. Parfois, il y a des mutations spontanées aléatoires.

Les algorithmes génétiques font exactement la même chose dans les logiciels. Un petit objet informatique appelé chromosome est conçu pour représenter tous les paramètres variables nécessaires à la résolution du problème. Chacun de ces paramètres s'appelle un gène.

À titre d'exemple, nous allons revenir à l'insecte robotique qui se cachait dans le noir, mais qui avait besoin de manger. Nous pourrions lui attribuer deux gènes, l'un qui déterminerait à quel point il a peur de la lumière et l'autre qui le rendrait plus courageux quand il a faim. Il y aura souvent beaucoup plus de gènes dans le chromosome. Ici, contrairement à la nature, un seul chromosome est utilisé pour caractériser un individu. Il n'y a aucun avantage à en utiliser plus. Au départ, nous avons besoin d'une population de différents individus. À peu près un millier de chromosomes sont créés avec des contenus aléatoires. Ils sont ensuite testés pour déterminer leur efficacité à résoudre le problème. Nous pourrions tester nos insectes robotiques à travers des vies simulées et mesurer leur durée de vie. Ceux qui réussissent le mieux seraient accouplés par paires et peut-être que certains d'entre eux muteraient. Les nouveaux enfants remplaceraient certains de la génération précédente et le processus se répéterait.

Cela peut sembler une méthode de résolution de problème quelque peu hasardeuse. Il est étonnant que des nombres aléatoires puissent être impliqués dans un processus efficace. Cela peut laisser croire à un processus de type : « Choisissez un nombre… Non, pas celui-là ; essayez encore », mais en réalité, nous trouverons rapidement un chromosome assez proche de la solution. Bien sûr, il est possible que la réponse soit rapide et satisfaisante seulement lorsqu'on la compare aux autres. Ailleurs, il pourrait y avoir une solution encore meilleure, mais aucun chromosome ne s'en est suffisamment approché pour la trouver. C'est pourquoi les mutations sont utilisées ; elles créent des gènes qui n'existent pas dans la population. La plupart de ces mutations seront des échecs, mais elles se révéleront parfois meilleures que tout le reste de la population.

La difficulté avec les algorithmes génétiques, et avec la programmation évolutive en général, c'est de savoir quand elle est terminée. Puisque nous ne savons pas comment ré-

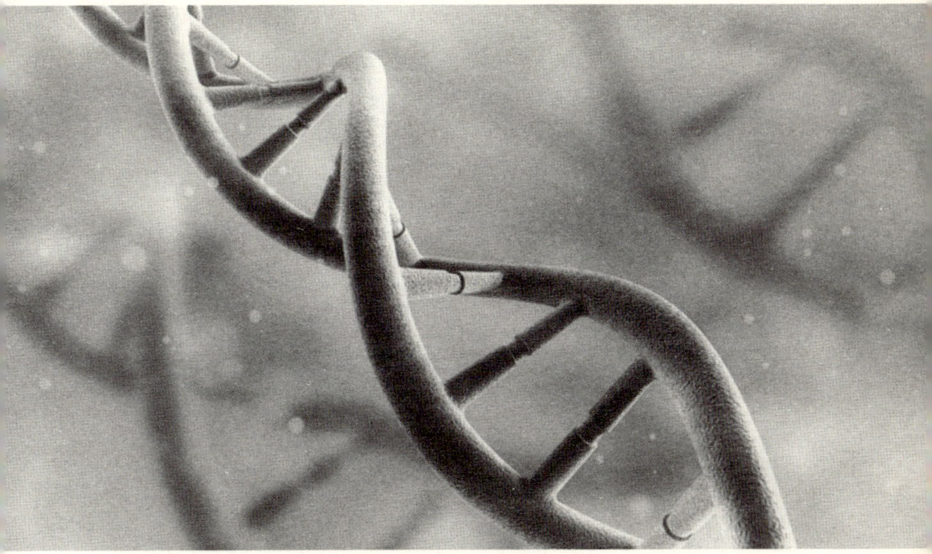

L'ADN transporte notre patrimoine génétique et définit notre empreinte à vie. L'informatique évolutive est une tentative de reproduire le comportement génétique, ou des mutations réussies (également connues sous le nom de sélection naturelle). C'est ce qui se passe dans notre ADN.

soudre le problème au départ, il se pourrait que nous ne sachions même pas si une réponse donnée est la meilleure possible. Avec le temps, les réponses seront aussi précises que le permettront les gènes, mais cela risque de prendre beaucoup de temps et d'être inutilement précis. Une réponse à cinq décimales est rarement plus utile dans le monde réel qu'une réponse correcte à quatre décimales. On pourrait continuer jusqu'à ce que l'erreur soit inférieure à une certaine valeur, mais rien ne garantit que cela finira par arriver ; autrement, on peut partir sur un nombre fixe de générations et courir le risque que l'erreur reste trop grande ou qu'elle soit devenue trop faible avant la fin de la tâche. Une autre option serait de continuer jusqu'à ce que l'erreur change lentement, ce qui signifierait que l'algorithme se rapproche d'une réponse. Cependant, il se pourrait que ce ne soit qu'une solution locale, et une mutation entraînerait bientôt une modification rapide.

Stratégies d'évolution

Des algorithmes génétiques doivent être implémentés dans un ordinateur ; une grande population d'individus est nécessaire pour obtenir les meilleurs. L'utilisation d'un ordinateur signifie que le test de compétence doit être effectué par l'ordinateur lui-même. Cela pourrait ne pas être toujours possible. Par exemple, simuler le monde de notre insecte robotique serait difficile ; nous ne savons pas vraiment à quel point la lumière brillante est dangereuse pour lui. Une méthode connexe appelée stratégie d'évolution a été conçue pour être utilisée lorsqu'une solution informatique n'est pas pratique.

De la même manière que les algorithmes génétiques, un chromosome aléatoire est créé, contenant des gènes – mais dans ce cas, un seul individu est créé. Le chromosome est muté aléatoirement. Nous avons maintenant deux individus : le parent et l'enfant. La compétence des deux est testée. Si l'enfant s'avère meilleur que le parent, il est utilisé comme base pour la génération suivante, sinon le parent est utilisé à nouveau. Les stratégies d'évolution ont d'abord été inventées pour minimiser la résistance des corps à l'air, dans une soufflerie[38], bien avant que de telles choses puissent être

38. I. Rechenberg, « Voie de solution cybernétique d'un problème expérimental », Royal Aircraft Establishment, Library Translation 1122, Farnborough, Hants, Royaume-Uni (1965).

simulées dans des modèles informatiques. Avec l'avènement d'ordinateurs suffisamment puissants, la méthodologie des stratégies d'évolution a été étendue pour permettre à plusieurs parents et à plusieurs enfants de ressembler à des algorithmes génétiques.

Il existe deux différences frappantes entre les deux approches. Dans les algorithmes génétiques (GA en anglais), l'aptitude des parents détermine ce qui peut se reproduire et les enfants sont tous ajoutés à la population. Dans les stratégies d'évolution (ES), tous les parents se reproduisent, mais la nouvelle population n'est constituée que par les enfants les plus évolutifs.

En GA, le taux de mutation est fixe et faible. Il est uniquement utilisé pour empêcher l'algorithme de buter sur un maximum local. En ES, le taux de mutation est variable et important. Bien que plusieurs parents soient utilisés pour mélanger les gènes, la mutation est considérée comme la principale source de variabilité dans la population. Tous les gènes sont mutés chez chaque enfant. Le degré de mutation des gènes fait également partie de la définition de chaque individu et est également soumis au même processus que les gènes.

Cela produit une population d'individus qui mutent plus rapidement lorsqu'ils sont loin d'être optimaux, quand un grand changement peut apporter une grande amélioration, et plus lentement lorsqu'ils approchent de la conception optimale, quand un changement important risque de produire un individu pire que ses parents.

Programmation génétique

Ni les algorithmes génétiques, ni les stratégies d'évolution ne produisent un nouveau programme informatique. Ils se contentent d'ajuster les paramètres d'un programme existant dans une plage limitée. Si le programme ne peut jamais résoudre la tâche à accomplir, les deux approches échoueront. La programmation génétique vise à surmonter cette limitation en permettant à l'ensemble du programme d'être conçu par sélection naturelle.

Pour ce faire, nous représentons le programme comme une expression. Une expression peut être l'une des trois choses suivantes : une variable, telle que x ou y ; une constante, telle que 2 ou π ; ou une fonction. Une fonction ressemble à ceci :

Nom (expression, expression, ...)

Le nom de la fonction pourrait être « ajouter » ou « multiplier », par exemple. Le nombre d'expressions dépend de ce dont la fonction a besoin. La fonction *sinus* n'en nécessiterait qu'une seule, alors que la fonction *ajouter* en aurait besoin de deux. Les expressions peuvent à leur tour être des constantes, des variables ou des fonctions, de sorte que le tout peut rapidement devenir compliqué. Le théorème de Pythagore ressemble à ceci :

Hypoténuse = racine carrée (ajouter (carré (a), carré (b)))

Un tel désordre de parenthèses rend difficile la lecture par un humain, mais les ordinateurs n'ont pas un tel problème. Il est prouvé mathématiquement que n'importe quel programme informatique peut être créé de cette manière. Il n'y a donc aucune limite aux programmes que nous pouvons créer de cette façon. Ainsi, si nous prenons n'importe quelle sous-expression valide et la remplaçons par une autre sous-expression valide, l'expression dans son ensemble est garantie comme étant valide. Cela fera évidemment autre chose, mais cela aura toujours un sens. Par exemple, nous pourrions remplacer « racine carrée de (b) » dans le théorème de Pythagore par « ajouter (cube (b), multiplier (a,b)) » et nous aurions toujours quelque chose comme :

Autre-chose = racine-carrée (ajouter (carré (a), ajouter (cube, b), multiplier (a, b))))

C'est ainsi que la programmation génétique peut combiner deux programmes parents pour créer un programme enfant ou deux programmes enfants. Elle choisit simplement une expression aléatoire dans chaque parent et échange les deux expressions. En théorie, il existe deux autres opérations possibles. Un programme peut être copié tel quel dans la génération suivante ou une mutation peut être introduite. Il est de pratique courante de n'utiliser qu'une de ces trois alternatives afin de produire chaque individu de la génération suivante. Ceci est différent des algorithmes génétiques, où un seul individu peut avoir à la fois une mutation et un croisement, et des stratégies d'évolution, où chaque gène est muté.

La programmation génétique est au moins aussi utile que les algorithmes génétiques et les stratégies d'évolution, car les programmes créés par celle-ci constituent un sous-ensemble des programmes que la programmation génétique peut concevoir. Les programmes écrits à l'aide d'opérations arithmétiques simples s'exécutent rapidement à un moment directement lié au nombre de fonctions dans l'expression. Cependant, en général, les programmes informatiques doivent contenir des fonctions dont l'exécution prend un temps indéterminé, ce qui signifie que nous ne pouvons même pas dire combien de temps leur exécution peut prendre[39]. Si nous avons une population de 1000 programmes individuels et qu'ils mettent tous une heure à être exécutés, il nous faudra beaucoup de temps avant de trouver le programme que nous recherchons. Bien sûr, nous pourrions imposer une limite arbitraire et les arrêter après un court laps de temps, mais alors nous ne pourrons pas savoir si nous avons rendu notre tâche possible. L'évolution prend du temps, à la fois dans le monde réel et en informatique. C'est pourquoi les biologistes aiment la drosophile ; son cycle de vie court réduit la durée de l'expérience. Même si un projet de programmation génétique sur 500 générations représente beaucoup de temps, cela reste court en comparaison avec le même nombre de générations de drosophiles. Malheureusement, les programmeurs ne sont pas aussi patients que les biologistes.

Les trois techniques dont nous avons discuté – algorithmes génétiques, stratégies d'évolution et programmation

39. Alan Turing, « Sur des nombres calculables, avec une application au problème d'Entscheidungs », *Actes de la London Mathematical Society*, série 2, vol. 42 (1937) et 43 (1938). C'est le document le plus célèbre de Turing, dans lequel il définit la machine de Turing et l'utilise pour prouver le fait présenté ci-dessus. Le document est disponible en ligne, mais il est extrêmement technique et abstrait. Pour une explication plus simple, je recommande Charles Petzold, *The Turing Annotated* (Wiley Publishing, Inc, 2008).

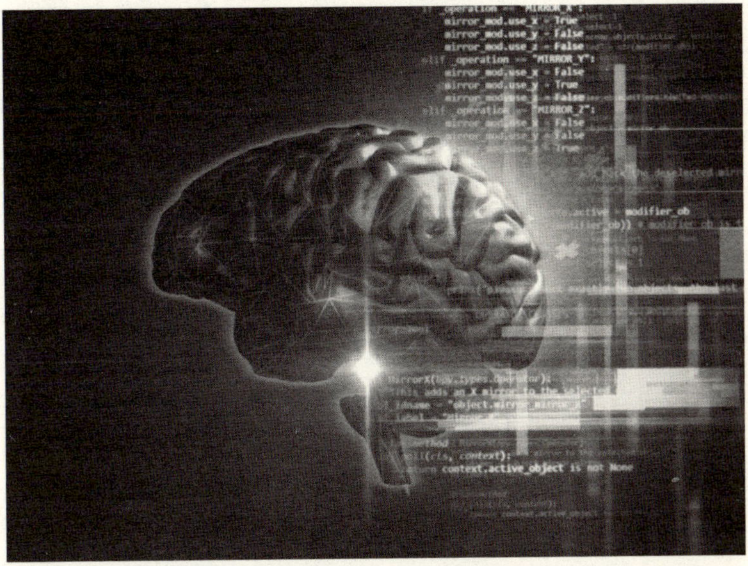

Malgré les avancées en informatique et en IA, nous sommes toujours loin de reproduire le fonctionnement complexe du cerveau humain, que nous ne comprenons toujours pas totalement.

génétique – tentent toutes d'imiter la sélection naturelle et la survie du plus apte afin de produire un programme capable de faire le nécessaire sans que le programmeur ne sache à l'avance comment y parvenir exactement.

La programmation génétique présente un avantage sur les réseaux de neurones, car une fois le programme créé, il devrait être possible de comprendre son fonctionnement. Si nous savons comment cela fonctionne, nous pouvons être sûrs que cela répond à la bonne question. Bien entendu, à mesure que la complexité du programme augmentera, nous serons de moins en moins à même de le comprendre. Le corps humain contient des dizaines de milliers de gènes et personne n'est capable de le comprendre parfaitement, même si nous savons probablement tout ce qu'il nous faut connaître sur la chimie de base pour y arriver. Les relations entre les nombreux produits chimiques impliqués sont trop complexes. De même, les programmes créés par l'informatique évolutive ou par un autre processus automatisé peuvent devenir si volumineux et si enchevêtrés qu'ils sont impossibles à comprendre.

Emerson Pugh[40] a dit : « Si le cerveau était si simple que nous pouvions le comprendre, nous serions si simples que nous n'en serions pas capables ». Si cela se vérifiait, nous devrions être capables de développer des programmes informatiques tout aussi complexes et difficiles à comprendre. Néanmoins, une telle complexité ne mettrait peut-être pas fin à notre ambition de créer une intelligence artificielle, mais ce ne serait pas une situation idéale. On ne gravit pas l'Everest en une seule fois ; peut-être pouvons-nous créer de l'intelligence en plusieurs petites étapes individuellement banales, mais combinées pour créer quelque chose qui rivalise avec le cerveau humain.

40. Citation difficile à cerner. Dans *Origine biologique des valeurs humaines* (Routledge & Kegan Paul PLC, 1978), George E. Pugh l'attribue à son père, Emerson, vers 1938. C'est la date la plus ancienne possible et donc l'attribution la plus probable.

CHAPITRE 11

Agents intelligents

Jusqu'à présent, la plupart des systèmes d'intelligence artificielle dont nous avons parlé étaient de grands programmes uniques. Bien que les implémentations expérimentales initiales aient porté leurs fruits, nombre d'entre elles se sont avérées incapables d'atteindre une taille utile, car elles devenaient trop grandes et trop lentes. D'autres approches permettent de s'élargir au détriment de la difficulté, voire de la compréhension. Des agents intelligents ont été mis au point pour résoudre ces deux problèmes. Ils permettent de faire émerger la complexité à partir des interactions entre de nombreux programmes simples. Étant donné que les programmes eux-mêmes sont petits et que leur éventail d'actions est limité, l'ensemble du système doit être compréhensible.

En sciences sociales, un agent intelligent est une personne ou un autre système rationnel et autonome qui agit en se basant sur des informations qu'il perçoit sur le monde pour mener des actions qui affectent ce dernier. La même définition est valable pour les agents que nous allons développer ici. L'agent doit être rationnel ; il doit prendre de bonnes décisions en fonction des informations dont il dispose. Il est autonome ; ses décisions sont le résultat de ses perceptions du monde et de sa propre expérience. Sa relation au monde inclut un processus de perception. On ne s'attend pas à ce qu'il dispose d'informations parfaites et complètes de la même manière qu'un programme d'échecs. Une partie de sa tâche consistera donc à comprendre son environnement. Il devra alors agir. Ses actions vont modifier l'environnement, ce qui changera ses perceptions, et il doit continuer à fonctionner dans ce monde en mutation.

Coopération au sein d'un système

Cela pourrait décrire plus ou moins la plupart des programmes dont nous avons discuté jusqu'à présent, bien que la plupart d'entre eux tendent à exister dans des mondes simulés car la perception est plutôt difficile à mettre en œuvre. Cependant, les agents intelligents ont une caractéristique déterminante, ils ne sont pas seuls. Dans les sciences sociales, les agents intelligents sont utilisés dans des modèles de collaboration entre les sociétés.

Une entreprise qui fabrique des téléphones mobiles est composée de plusieurs départements différents. La division de la recherche et développement (R & D) conçoit un nouveau téléphone, le service production le fabrique et l'équipe des ventes le vend. L'équipe marketing en fait la publicité et les cadres contrôlent le tout. Tous ces départements doivent se parler pour que l'entreprise réussisse. La R & D a besoin d'informations du marketing et des ventes pour concevoir quelque chose que les gens voudront acheter, et de la production pour s'assurer que ce qu'elle conçoit peut être fabriqué. Les ventes doivent savoir, à partir de la production, combien coûte un produit si elles veulent le vendre à profit, et à quel prix le public pourra se permettre de l'acheter. Il y aura de nombreuses conceptions différentes et la production concevra plusieurs modèles différents. Les dirigeants doivent indiquer aux concepteurs les priorités et le nombre de modèles à concevoir.

En IA, les agents intelligents travaillent ensemble dans un seul et même système. Tout comme la compagnie de téléphonie mobile, ils ont chacun un travail particulier à accomplir. Pour s'acquitter de cette tâche, ils doivent parler aux autres agents effectuant des tâches différentes. Chacun perçoit son environnement, mais cela ne signifie pas qu'il peut voir le laboratoire d'IA à l'extérieur de l'ordinateur. Leur environnement est défini par leur tâche. Pour un agent chargé de marcher sur un tapis, son environnement est sa position, et son action consiste dans les signaux envoyés vers ses jambes. Il n'a pas besoin de savoir s'il se dirige vers de la nourriture ou s'il s'éloigne de la lumière ; il ne s'agit que de bouger les jambes de manière à se déplacer efficacement dans une direction donnée.

Un système d'agents intelligents est similaire à une architecture de subsomption dans le sens où il est composé de plusieurs modules autonomes. Cependant, les règles strictes de l'architecture de subsomption sont ici considérablement assouplies. Les agents intelligents ont le droit d'avoir de la mémoire, ils ne se limitent pas à la communication en réprimant d'autres agents et ils ne sont pas obligés de prendre des entrées seulement depuis le monde réel. En conséquence, ils peuvent être plus complexes que les simples actions réflexes d'un comportement d'architecture de subsomption. Un agent et un comportement font tous les deux une chose, mais ce que fait un agent peut être considérablement plus intelligent.

Imaginons notre robot insecte caché dans le noir.Jusqu'ici, nous avons envisagé ses fonctions cérébrales supérieures, mais dans le monde réel, avec un vrai robot, il y a d'autres considérations. A-t-il des jambes ou des roues ? Comment perçoit-il son environnement ? Après l'avoir perçu, comment se rend-il compte qu'il y a à la fois de la nourriture et une lumière vive ? Après avoir décidé d'aller vers la nourriture, comment navigue-t-il jusqu'à elle ? A-t-il besoin de marcher différemment selon la surface du sol ? Comment reconnaît-il et évite-t-il les obstacles ?

Toutes ces questions ont été posées à un moment ou à un autre par des chercheurs en intelligence artificielle et ont toutes été résolues au moins dans une certaine mesure. Cependant, tous ces problèmes sont très différents et présentent différentes solutions.

La meilleure solution pour la navigation consiste à créer une carte des environs de l'insecte, éventuellement à l'aide de cadres. Marcher sur différentes surfaces peut constituer un bon usage des algorithmes génétiques, tandis que la reconnaissance des aliments et de la lumière pourrait être mieux mise en œuvre avec un réseau de neurones. Au-dessus de tout cela, ce sera le surmoi de l'insecte, qui décidera s'il faut aller vers la nourriture ou s'éloigner de la lumière, ce qui pourrait être mis en œuvre dans une logique floue. En transformant chacune de ces tâches en un agent intelligent autonome, nous pouvons les implémenter en utilisant la méthode qui semble la mieux adaptée à ses besoins.

Les agents intelligents peuvent être classés selon leur mode de fonctionnement. Les agents réflexes n'ont pas de mémoire ; ils choisissent simplement une action à entreprendre en fonction de ce que leurs sens leur disent à un moment donné. L'agent responsable de la vue de notre insecte pourrait ressembler à ceci : il détecte les objets uniquement par leur apparence instantanée. Un organisme plus avancé pourrait créer une carte du monde sous différents angles, mais cela n'est pas nécessaire pour notre scarabée robotisé.

Les agents doués de réflexes basés sur un modèle ont une mémoire. Ils construisent un modèle du monde extérieur auquel leurs sens peuvent ajouter des données. Les actions qu'ils entreprennent sont choisies en fonction de leur modèle du monde. Les pattes de l'insecte pourraient fonctionner comme ceci : le robot a besoin de savoir ce qu'il fait pour effectuer sa prochaine action et peut apprendre que la surface sur laquelle il marche est douce ou irrégulière et ajuster son fonctionnement selon ces informations. Les agents basés sur des objectifs recherchent un moyen de réaliser certaines tâches qui ne sont pas immédiatement réalisables. Ils doivent planifier une séquence d'actions qui aboutiront à leur succès. L'agent de cartographie de notre robot pourrait fonctionner ainsi. Il doit planifier un parcours qui évite les obstacles pour mener à la nourriture ou à l'obscurité. Au lieu de se diriger directement vers son objectif ultime, il peut être nécessaire au préalable de s'en éloigner pour l'atteindre.

La dernière catégorie est celle des agents utilitaires. Ceux-ci ne fonctionnent pas avec un objectif fixe, mais dans le but d'être le plus utile possible. Si l'on anthropomorphisait les agents plus que les informaticiens ne souhaitent le faire, on pourrait dire qu'ils veulent devenir aussi heureux que possible. Le surmoi de notre robot pourrait fonctionner ainsi : il veut être bien nourris et en sécurité. Il va falloir alterner constamment ces objectifs pour les assurer l'un l'autre.

Tous ces programmes indépendants doivent se parler, ce qui se fait généralement en transmettant des messages. L'agent intelligent responsable des sens dit à l'agent de cartographie qu'il y a de la lumière ou de la nourriture. Le surmoi annonce à l'agent de cartographie qu'il veut se déplacer vers la nourriture la plus proche. Ensuite, l'agent de cartographie calcule le meilleur itinéraire et lui indique la direction à suivre. Le message est un bloc de données envoyé à un agent particulier ou à tous. Le bloc contient uniquement les informations nécessaires. Si l'agent visuel du robot doit informer l'agent de cartographie qu'il y a de la nourriture à trente centimètres au nord, il n'a besoin que de trois données : nourriture, trente centimètres, nord. Si un message est envoyé à plusieurs agents, seuls les agents équipés pour exécuter le message le traiteront, les autres l'ignoreront ; l'agent de déplacement ne se soucie pas de l'endroit où la nourriture peut être trouvée et n'a pas la capacité de faire quoi que ce soit avec cette information.

Analystes boursiers

Une autre utilisation des systèmes d'agents intelligents est le marché boursier. Les agents sont utilisés pour analyser le marché et générer des recommandations d'ordre d'achat et de vente, voire pour acheter et vendre directement. Il peut y avoir des agents individuels chargés de surveiller le marché et de générer des statistiques, de détecter des mouvements de prix anormaux, de rechercher des actions propices à l'achat ou à la vente, de gérer le risque global représenté par le portefeuille de l'utilisateur et d'interagir avec ce dernier.

Nous pouvons ajouter une fonctionnalité supplémentaire à nos agents : la capacité d'apprendre. Parce qu'ils se situent dans le monde réel et qu'ils reçoivent un retour d'informations sur les résultats de leurs actions, nous pouvons leur demander d'ajuster leur comportement en fonction du succès de leurs décisions passées. L'agent responsable de la marche peut apprendre à naviguer sur la moquette ou le parquet et l'agent responsable de la prévision des mouvements boursiers peut modifier ses calculs en fonction de la hausse

Analystes du marché boursier scrutant les fluctuations de données. Dans le futur, ceci pourrait être un emploi exclusivement effectué par des IA.

ou de la baisse du prix de l'action. Il s'agit toujours d'un programme ; nous en avons fait un programme de modules indépendants – ils peuvent même fonctionner sur différents ordinateurs – mais ils fonctionnent les uns avec les autres dans une hiérarchie que nous avons conçue. Ainsi, en rendant chaque partie indépendante, la complexité de chacune d'elles est réduite. Tout comme il est difficile de vous tapoter la tête et de vous frotter le ventre en même temps, un programme informatique est plus difficile à écrire et à maintenir s'il doit faire plus d'une chose à la fois. Bien que l'ensemble du programme reste complexe, cette complexité est compartimentée. Nous pouvons modifier un module sans affecter les autres.

CHAPITRE 12

L'intelligence en essaim

Les fourmis vivent dans une société très efficace et bien ordonnée. Tout ce qu'elles font, elles le font de la manière la plus efficace possible : leurs nids sont construits pour maintenir une température et une ventilation optimales ; quand elles trouvent une source de nourriture, le chemin qu'elles empruntent est le plus rapide. En constatant tout cela, on pourrait supposer qu'une autorité centrale, peut-être la reine, contrôle toute l'activité. En fait, une telle autorité n'existe pas. La reine n'est rien d'autre qu'une machine à pondre des œufs. Chaque fourmi est un individu autonome, agissant selon quelques règles simples.

Chemins de fourmis

Quand une fourmi cherche de la nourriture, elle erre au hasard, sauf si elle trouve la trace de phéromone laissée par une autre fourmi qui retourne au nid avec de la nourriture. Ensuite, elle a tendance à suivre la piste. Plus la trace est forte, plus elle est susceptible de la suivre. Quand elle trouvera de la nourriture, elle retournera au nid, en suivant son propre chemin. S'il y a beaucoup de nourriture disponible à cet endroit, beaucoup de fourmis reviendront dans le même sens et le chemin deviendra plus fort et plus attrayant pour toute fourmi qui le croise. Cependant, certaines fourmis vont parfois perdre la piste et emprunter un chemin différent. Si ce chemin est plus court, alors plus de fourmis peuvent le parcourir en même temps et il y aura plus de phéromones, tandis que les phéromones de l'ancien chemin s'évaporeront. Au fil du temps, le chemin emprunté par les individus se rapproche de plus en plus de l'optimum.

L'utilisation de tels exemples de la nature comme modèles de comportements similaires dans l'intelligence artificielle est appelée intelligence en essaim (ou intelligence distribuée). Nous pouvons utiliser l'intelligence en essaim pour concevoir un groupe de robots. Ces robots seront eux-mêmes simples, dotés d'une connaissance de leur environnement, et souvent, ne communiqueront qu'avec les autres robots les plus proches. Chaque appareil est autonome ; il n'y a pas d'intelligence centrale qui lui dise quoi faire. Tout comme les robots dont nous avons discuté lorsque nous parlions de l'architecture de subsomption, chaque individu connaît seulement ce qu'il perçoit lui-même du monde. Cela nous permet de créer des comportements robustes qui s'adaptent automatiquement aux changements de l'environnement. Lorsque nous avons un grand nombre de robots identiques avec la même programmation, une erreur est dramatique, alors que l'échec d'un petit nombre d'individus n'aura que peu d'impact sur l'efficacité de l'ensemble.

Ces robots, avec un comportement très similaire à celui d'une fourmi, pourraient être utilisés pour trouver et enlever des mines antipersonnel ou pour rechercher des victimes dans les zones sinistrées. Les fourmis utilisent des phéromones pour interpeller les autres individus, mais il est difficile pour des robots de détecter de telles choses (même si

Les fourmis résolvent des problèmes compliqués en adoptant un comportement simple.

cela a déjà été tenté). À la place, ils utilisent la lumière, des sons ou la radio courte portée.

Robots de recherche

Imaginez un grand nombre de robots dans une zone de randonnée. En l'absence de quoi que ce soit d'autre à faire, ils se positionnent de manière à être au centre de tous les autres robots qu'ils peuvent voir, afin d'être répartis uniformément dans le paysage. Ils peuvent être attirés par un son ou par un geste de la main. Ainsi, les randonneurs en difficulté peuvent demander de l'aide.

Si nécessaire, une demande de services d'urgence peut être transmise de robot à robot jusqu'à ce qu'elle parvienne à un robot capable d'émettre un signal radio ou cellulaire. S'il est nécessaire de transporter le randonneur, davantage de robots peuvent être appelés pour aider et les autres se déplaceront afin de maintenir la couverture. Tout cela pourrait être mis en œuvre avec un peu plus que l'architecture de subsomption.

Volée d'oiseaux

L'autre comportement d'essaim fréquemment imité est la volée d'oiseaux. Elle est utilisée lorsque tout le groupe doit se déplacer, mais aussi pour rechercher un objectif. Les règles pour créer un groupe d'individus sont très simples :

Restez proche des autres membres du groupe.

Volez dans la direction correspondant à la moyenne des directions suivies par les membres à proximité.

Maintenez une distance de sécurité avec les autres membres et les autres obstacles.

Si l'on ajoute à celles-ci la tendance à se diriger vers une cible, l'ensemble du groupe sera attiré vers cette cible.

Dispositifs aériens de recherche

Si nous revenons à notre exemple de zone de randonnée, nous pourrions cette fois décider de protéger nos randonneurs avec un escadron de quadricoptères. Ces avions pourraient patrouiller sur la zone, mais seraient attirés par la couleur orange vif, que les randonneurs portent sou-

Une volée d'oiseaux recherchant le meilleur perchoir.

vent. Quelqu'un pourrait être blessé et difficile à apercevoir. Quelques quadricoptères peuvent remarquer quelque chose d'orange et se diriger vers lui. Lorsque le groupe survolera le randonneur, chacun d'entre eux observera d'un point de vue légèrement différent, de sorte qu'un maximum d'individus verront la victime. Bientôt, tout le groupe volera au ras du sol – l'essaim a réussi à localiser un « objet d'intérêt ». D'autres technologies de l'intelligence artificielle seraient nécessaires, telles que la compréhension du langage naturel, la reconnaissance des gestes et la reconnaissance d'images, mais comme nous l'avons vu, ce ne sont pas des problèmes insolubles.

Les essaims d'abeilles

Quand une colonie d'abeilles a un tel succès qu'elle déborde de sa ruche, la reine et plus de la moitié des ouvrières la quittent pour chercher un nouveau foyer. L'essaim trouve un emplacement temporaire dans un arbre tandis que des éclaireurs partent à la recherche de nouveaux sites de nidification. À leur retour, ils racontent à l'essaim l'endroit qu'ils ont trouvé en effectuant une danse. Au début, de nombreux sites potentiels seront envisagés, mais avec le temps, les meilleurs

Un essaim d'abeilles se réunissant dans un arbre pendant que les éclaireurs sont à la recherche d'un nouvel abri.

sites seront soutenus par davantage de conseillers, jusqu'à ce qu'un consensus soit finalement trouvé et que tout l'essaim se rende sur le site de la nouvelle ruche et s'y installe.

Utilisons cette méthode pour trouver un bon hôtel à Manhattan pour un groupe de touristes. De nombreux membres du groupe sont âgés ou infirmes et ne peuvent pas marcher longtemps. Nous pouvons installer une base temporaire au kiosque à musique de Central Park et envoyer nos membres les plus aptes en éclaireurs. Ils reviennent au kiosque à musique et comparent leurs notes. Quand les éclaireurs entendent parler d'un hôtel qui semble être meilleur que celui qu'ils ont trouvé, ils vont y jeter un coup d'œil. Finalement, un consensus se forme et tout le monde se rend à l'hôtel choisi pour effectuer la réservation.

Manhattan présente un plan régulier avec des routes appelées « rues », perpendiculaires à des routes appelées « avenues ». Ainsi, lorsque les éclaireurs reviennent, ils n'ont qu'à dire de quelle rue et de quelle avenue l'hôtel est le plus proche pour que tout le monde sache où il se situe. Nous pouvons représenter l'emplacement d'un éclaireur à tout moment par deux chiffres : rue et avenue ou, en langage mathématique, X et Y. Si nous le voulions, nous pourrions avoir une feuille de papier au kiosque à musique et suivre les progrès de chacun. La recherche d'un hôtel dans les rues et les avenues de Manhattan correspond à la recherche d'une valeur optimale sur un graphique X, Y.

Essaimage sans robots

Lorsque nous discutions d'algorithmes génétiques, chaque individu de la population était représenté par un ensemble de nombres appelés gènes. L'algorithme génétique était un moyen de changer ces nombres jusqu'à ce qu'ils représentent l'individu optimal.

En utilisant les techniques de l'intelligence en essaim, nous pouvons prendre ces mêmes nombres, mais au lieu de les voir comme des gènes dans un chromosome, nous pouvons les considérer comme des positions dans l'espace, sur un graphique ou sur une carte. Quand un individu se déplace dans l'espace, les chiffres changent, tout comme lorsque vous vous promenez à Manhattan, les chiffres de la rue et de l'avenue sur lesquelles vous naviguez changent. Plutôt qu'un processus d'évolution entre des individus fixes, notre recherche est maintenant représentée par le parcours des individus. Nous pouvons mettre en œuvre cette recherche en utilisant l'une des techniques que nous avons trouvées pour la recherche dans l'espace – comme la cueillette des fourmis, l'essaimage des abeilles ou la volée des oiseaux – sans avoir à construire le moindre robot.

Lancement de produit

Voici un exemple plus clair. Une chaîne de supermarchés veut lancer un nouveau produit, mais elle ne connaît ni le prix, ni l'espace à lui consacrer sur les étalages. Le prix et l'espace seraient les deux nombres qui définissent la zone de recherche. Une position dans l'espace est définie par un prix et une taille, tout comme sur un graphique, une position est définie par une coordonnée X et une coordonnée Y. Chaque supermarché de la chaîne choisit une position – un prix et une taille – au hasard dans cet espace et les modifie chaque jour, tout comme l'exemple des règles de la volée d'oiseaux, mais dans l'idée d'en tirer un profit. La volée d'oiseaux a tendance à se serrer les coudes, mais elle est répartie dans l'espace afin de pouvoir visualiser toutes les possibilités autour d'elle.

On pourrait également utiliser le modèle des fourmis. Lorsque le supermarché réaliserait un bon bénéfice, il lâcherait un marqueur olfactif virtuel. Les supermarchés présentant des résultats plus ou moins similaires auraient tendance à se rapprocher. Lorsque plusieurs supermarchés auraient de bons résultats, le parfum serait si fort qu'il attirerait d'autres supermarchés plus éloignés.

Peut-être pourrait-on opter pour le mode de l'essaim d'abeilles. Chaque supermarché chercherait par lui-même le meilleur profit et rapporterait aux autres ce qu'il a trouvé de plus concluant. Ensuite, il choisirait quelque chose de prometteur dans les rapports des autres supermarchés et il s'y essaierait. Lorsqu'un accord serait trouvé sur les meilleurs bénéfices, tout le monde utiliserait ce prix et cette taille.

Cela ne fonctionne pas seulement avec deux valeurs telles que le prix et la taille, bien sûr. La même méthode fonctionnera avec trois, quatre ou des dizaines de nombres. Les individus vont errer dans un espace multidimensionnel – difficile à imaginer, certes, mais ici il s'agit de calculs simples. Nous n'avons pas besoin de créer cet espace, simplement de varier et de mesurer les distances entre les points. Nous mesurons la distance en utilisant le théorème de Pythagore et cela fonctionne dans un nombre quelconque de dimensions[41].

Si nous rencontrons un problème pour lequel un ordinateur peut tester des solutions, nous pouvons implémenter l'ensemble du processus à l'intérieur de l'ordinateur. Nous

41. Les mathématiques sont souvent belles, et c'est l'un des résultats les plus satisfaisants. La distance entre deux points sur un graphique à deux dimensions apparaît facilement comme une racine carrée (différence en X)^2 + (différence en Y)^2 simplement en traçant le triangle sur le graphique. Si nous avons un graphe en trois dimensions, nous pouvons montrer presque aussi facilement que la distance entre deux points est la racine carrée de (différence en X)^2 + (différence en Y)^2 + (différence en Z)^2. Nous pouvons continuer à ajouter des dimensions autant que nous le souhaitons.

avons peut-être un nouvel algorithme de compression de fichiers, mais celui-ci dépend de plusieurs nombres et nous ne savons pas quelles valeurs choisir pour obtenir le meilleur taux de compression. Nous pouvons utiliser ces chiffres comme des coordonnées dans l'espace et simuler un groupe de personnes à la recherche du meilleur taux de compression. À l'instar des supermarchés à la recherche de prix et de taille dans le monde réel, nous pouvons employer toutes les méthodes d'intelligence en essaim que nous voulons.

CHAPITRE 13

Exploration de données et statistiques

Il y a beaucoup de données disponibles de nos jours. Lorsque les CD ont été inventés, un disque pouvait contenir tout le texte de l'*Encyclopaedia Britannica* (sans les images). Même avec 44 millions de mots répartis sur trente gros volumes, la taille était inférieure à 400 mégaoctets. Un PC moderne possède un disque dur 2500 fois plus volumineux : 1 téraoctet, de quoi stocker 2 millions de livres. On estime qu'il y a environ 10 milliards de fois cette quantité de données stockées dans les ordinateurs du monde entier, et qu'elle double chaque année. Une grande partie de cette information serait très utile à diverses fins si l'on pouvait trouver un moyen d'extraire seulement les parties présentant un intérêt.

À plus petite échelle, une grande chaîne de vente au détail peut disposer de données sur les habitudes d'achat de millions de clients. Les médias sociaux et autres fournisseurs de services internet ont des données sur des millions d'abonnés. Mais les données, ces chiffres bruts présentant qui a acheté quoi et quand, sont presque inutiles.

Les données ne sont pas des informations, et les informations ne sont pas des connaissances. Donner un sens aux données (les transformer en informations) et les utiliser (les transformer en connaissances), voilà une tâche monumentale. Si un humain devait traiter les données d'un million d'individus en ne prenant que dix secondes par personne, il lui faudrait un an. Puisqu'une personne peut acheter quelques dizaines de produits par semaine, les résultats seraient obsolètes un an avant leur production. Bien sûr, les ordinateurs sont utilisés pour des tâches qui consomment trop de temps chez les humains, mais dans ce cas précis, nous ne savons pas toujours ce que nous voulons que l'ordinateur recherche.

Les données sont stockées dans des applications appelées bases de données, qui disposent de fonctionnalités intégrées afin d'analyser les données et les présenter sous différentes formes à la demande de ses utilisateurs. Nous pouvons trouver le nombre de nos clients qui ont acheté du lait et savoir s'ils possèdent des cartes de fidélité. Nous pouvons même savoir combien de femmes de moins de quarante ans ont acheté du lait[42]. Si nous disposions de temps et d'intuition en quantité suffisante, nous pourrions trouver dans ces données des schémas utiles nous permettant d'apporter des modifications rentables à nos activités. Bref, il serait beaucoup trop long de le faire, et générer automatiquement ce type d'associations est beaucoup plus attrayant.

---

42. Avant l'invention des cartes de fidélité, il fallait suivre les clients individuellement par leur numéro de carte bancaire. Mais le même client peut utiliser une carte de débit dans la majorité des cas, passer à une carte de crédit vers la fin du mois et payer en espèces pour les petits achats. C'est bien entendu la véritable raison de l'existence des cartes de fidélité. Les cartes de fidélité communes à plusieurs entreprises peuvent fournir encore plus d'informations sur les habitudes de leurs clients ; les centres commerciaux peuvent découvrir combien de fois leurs clients vont au cinéma et ainsi de suite. Si vous n'obtenez rien grâce à votre carte de fidélité, dites-vous bien que quelqu'un y gagne quelque chose.

Arbres de décision

Toutes les méthodes d'intelligence artificielle s'appliquent à l'exploration de données, notamment les réseaux de neurones et la logique floue, mais quelques-unes lui sont propres. Celle des arbres de décision en fait partie. L'ordinateur trouve la seule donnée qui prédit le mieux le résultat. Si nous voulions connaître la composition démographique des acheteurs de spaghettis, nous pourrions diviser notre base de données en acheteurs et non-acheteurs, puis consulter chacune des données dont nous disposons sur ces personnes pour trouver la répartition la plus inégale. Nous pourrions trouver que la donnée la plus discriminante est le sexe de l'acheteur[43] – les hommes pourraient acheter plus de spaghettis que les femmes. Nous pouvons diviser la base de données par sexe et suivre le même processus pour chaque moitié de manière indépendante.

L'ordinateur pourrait découvrir que l'âge est plus discriminant chez les hommes, mais le revenu moyen est plus discriminant chez les femmes. Nous pouvons continuer le processus et rendre nos profils plus spécifiques jusqu'à ce que la quantité de données dans chaque catégorie soit trop petite pour être utile. Notre service marketing souhaiterait savoir que 30% des spaghettis sont achetés par des hommes dans la vingtaine et 20% par des femmes actives. Il serait rentable de cibler ces données démographiques avec des publicités et des offres spéciales. Il est peu probable qu'ils soient aussi heureux d'apprendre que 5% du produit est acheté par des

43. Ceci est uniquement un exemple. Dans la vraie vie, cela ne fonctionne certainement pas de cette façon.

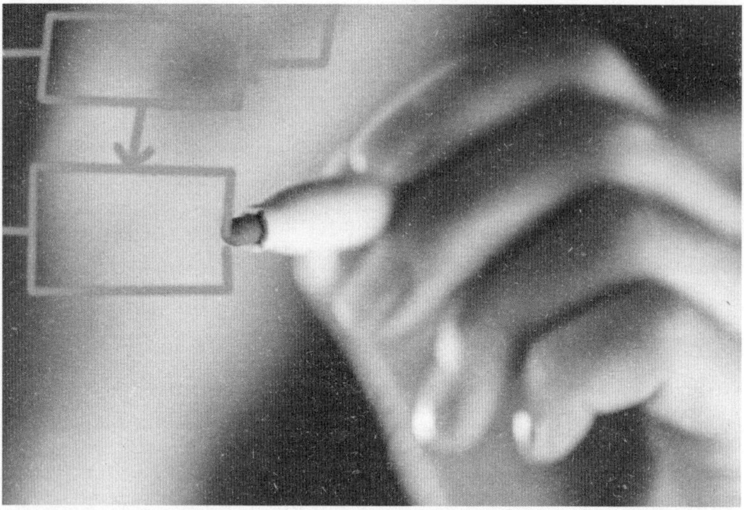

L'utilisation d'arbres de décision est une technique commune en IA concernant l'exploration de données. Cela peut être utile en étude de marché, en localisant la donnée la plus utile à exploiter.

hommes célibataires d'une vingtaine d'années possédant un diplôme universitaire.

Analyse du panier de consommation

Une autre technique populaire est l'analyse du panier de consommation. Cela nous permet de trouver les produits les plus souvent achetés ensemble. Supposons, par exemple, que notre analyse révèle que de nombreux clients ayant acheté des spaghettis ont également acheté de la sauce pour pâtes. Si nous remarquions qu'un type d'individu achète des spaghettis, mais pas de sauce, nous pourrions lui offrir un rabais sur la sauce lors de sa prochaine visite. Nous pouvons également optimiser le placement des produits afin que nos clients puissent trouver les produits qu'ils souhaitent en passant devant d'autres produits pour y parvenir.

Le problème de l'analyse du panier de consommation, c'est le grand nombre de combinaisons possibles de produits que nous devons prendre en compte. Un grand magasin peut avoir des dizaines de milliers de lignes de produits. Même en considérant les produits par paires, il y aurait des centaines de millions de possibilités, et en les combinant par trois, le nombre se chiffrerait en milliers de milliards. Évidemment, cela n'est pas pratique. Il y a deux façons de rendre la tâche plus facile. Une solution consiste à définir nos catégories de produits de manière plus large. Nous pourrions regrouper tous les achats de poisson surgelé, au lieu de nous demander si c'était la sole en croûte au citron ou la morue panée que nos clients avaient achetée. De même, nous pourrions ne considérer que la bière en vrac et la bière spéciale, plutôt que de suivre chaque marque individuellement.

L'autre façon consiste à ne considérer que les produits achetés par un nombre suffisant de clients. Si seulement 10% de notre clientèle achète des couches, toute combinaison de couches avec d'autres produits ne peut être achetée qu'à 10% maximum. Après avoir réduit considérablement le nombre de produits que nous envisageons, nous pouvons en considérer toutes les paires et oublier à nouveau ceux qui ne sont pas achetés par un nombre suffisant de personnes.

À présent, nous avons des paires de produits pour lesquelles nous pouvons gagner encore plus de temps avec des combinaisons à trois. Nous devons seulement envisager de fusionner des paires qui ont un produit en commun. Par exemple, si nous savons que les gens achètent de la bière et du vin ensemble et qu'ils achètent de la bière et des collations ensemble, nous pouvons déterminer s'ils achètent de la bière, du vin et des collations ensemble. Dans l'étape suivante, nous pouvons fusionner des combinaisons de trois qui ont deux éléments en commun, etc. À chaque étape, nous éliminons toute combinaison achetée par un nombre insuffisant de personnes.

Réseaux bayésiens

Il est utile de savoir quelles données sont souvent associées, mais il est parfois nécessaire de mieux comprendre pourquoi cela se produit. Supposons que nous exploitions à nouveau cette agence de rencontres et que nous voulions savoir ce qui fait le succès de la rencontre. Nous avons la base de données de tous nos clients et les résultats des questionnaires de satisfaction.

On peut se demander si deux personnes de grande taille s'entendent mieux que deux personnes qui ont une grande différence de taille. Nous formulons une hypothèse selon laquelle une différence de taille affecte la probabilité d'une rencontre réussie. Il existe une méthode statistique permettant de vérifier ce type d'hypothèse, les réseaux bayésiens, dont le calcul est d'une complexité affolante, mais qui peut être automatisé de manière relativement simple.

Fondamentalement, le théorème de Bayes est une formule permettant de convertir une valeur de la probabilité – une donnée en l'occurrence – en valeur de la probabilité de cette hypothèse[44]. Pour l'utiliser dans ce cas, nous émettons deux

44. La formule est $P(H|D) = P(D|H).P(H)/P(D)$ où | se lit comme « donné », P ( ) se lit comme « la probabilité de », H l'hypothèse et D les données.

hypothèses contradictoires. L'une indique que deux de nos données s'affectent et l'autre indique qu'elles sont indépendantes. Nous calculons les probabilités des deux hypothèses en fonction des données que nous avons collectées et nous adoptons les plus probables.

Il est à noter que nous ne pouvons pas dire quelle donnée est la cause et laquelle est l'effet. D'un point de vue strictement mathématique, c'est peut-être une rencontre réussie qui entraîne une taille similaire chez les gens, bien que d'autres facteurs puissent nous persuader du contraire. Cela ne prouve pas qu'il existe un lien de causalité, mais seulement qu'il existe une relation entre les données. Il se peut qu'un autre facteur lie les deux et que nous ne l'ayons peut-être ni envisagé ni même remarqué, ou que les données se soient produites de cette manière uniquement par hasard.

Compte tenu de la puissance des ordinateurs, nous n'avons pas à concevoir manuellement toutes les hypothèses possibles. Nous pouvons tester toutes les hypothèses possibles. Dans ce cas, il est peu probable que nous conservions plus de vingt caractéristiques par client. Il n'y a donc que ce nombre d'hypothèses à vérifier. Si nous pensons que deux caractéristiques pourraient interagir pour affecter le résultat, nous en aurions 380 de plus, ce qui reste raisonnable. Avec quatre personnes, la charge de travail augmente de 6 840, ce qui est probablement correct car nous avons tout le temps nécessaire, mais si un robot manipulait cette fonction pour interagir avec le monde réel, nous pourrions avoir du mal à rendre les calculs et les accès à la base de données suffisamment rapides.

L'analyse du panier de consommation et les réseaux bayésiens sont des techniques d'apprentissage automatique. Bien que la machine découvre certainement des informations jusque-là inconnues, il existe un désaccord sur la question de savoir s'il s'agit d'un véritable apprentissage ou de mathématiques simplement. Si nous faisons une somme d'addition, peut-on vraiment dire que nous avons appris que 2 + 2 = 4, ou simplement que nous avons appliqué une technique connue ?

On raconte souvent l'histoire de cet homme qui a reçu une bombe sur sa maison au moment précis où il tirait la chasse d'eau des toilettes. Il était clair pour tout le monde, y compris lui-même, que son action n'avait pas entraîné la chute de la bombe. Il a pourtant fallu deux ans avant qu'il n'ose à nouveau tirer la chasse. Nous avons dit plus haut qu'une corrélation ne prouvait pas la causalité. Ce n'est pas parce que les personnes de la même taille ont des rencontres plus réussies que nous pouvons supposer que mesurer la même taille est la cause du succès. Cependant, le cerveau humain ne semble pas fonctionner de cette façon. Au fond de nous, il semble que nous supposions la causalité chaque fois que nous voyons une correspondance. Si les réseaux bayésiens agissent de la même manière, cela pourrait indiquer que nous sommes sur la bonne voie.

CHAPITRE 14

Après l'innovation

L'intelligence artificielle affecte nos vies bien plus que nous le pensons : des agents intelligents achètent et vendent des actions en bourse ; les réseaux de neurones détectent quand nos cartes de crédit ont été volées ; l'assistant en ligne sur le site web de notre banque peut être un *chatbot* ; les avions volent et atterrissent[45] automatiquement ; nos téléphones mobiles nous répondent et détectent automatiquement les visages humains. Tout ceci fait partie des technologies issues du domaine de l'intelligence artificielle. Cependant, le but ultime n'est pas encore atteint. Nous n'avons pas d'amis robots avec lesquels nous pouvons discuter. Nous n'avons pas de femme de ménage robot.

Les tentatives visant à créer une intelligence générale ont échoué dans les années 1980, mais se sont repliées et ont commencé à suivre un chemin différent. Parce qu'il est trop difficile de construire un modèle du monde précis et détaillé, ces nouvelles technologies font du monde son propre modèle. Elles sont intégrées à des robots qui interagissent avec

---

45. Les avions peuvent décoller, voler et atterrir eux-mêmes, la plupart du temps. Presque tous les atterrissages sont en fait manuels. Le vol est plus ou moins résolu ; ce sont les événements inattendus qui impliquent la nécessité d'un pilote humain, et de tels événements se produisent à chaque vol. En revanche, si le pilote doit atterrir dans un brouillard épais ou si l'avion est un drone à faible coût, en cas d'échec, l'automatisation est possible.

le monde et en tirent des enseignements. L'intelligence artificielle ne suit pas un seul chemin vers un cerveau humain ; ses nombreuses technologies sont développées en même temps pour une utilisation dans une multitude de domaines, depuis les centres d'appels jusqu'à l'exploration martienne. Simultanément, d'autres travaillent sur les techniques qui seront nécessaires lorsque l'intelligence artificielle progressera.

Robots et membres prothétiques

La série de robots Actroid développée par l'Université d'Osaka est une réplique extrêmement détaillée de l'homme. Ils sont immobiles, car une grande partie de leurs mécanismes sont externes au corps. Néanmoins, ils peuvent imiter les manières et les expressions humaines et maintenir le contact visuel.

On construit des robots capables de nager comme des poulpes, de voler comme des oiseaux et de se tortiller comme des serpents. Le guépard du MIT peut courir à grande vitesse et même sauter des obstacles.

Il existe maintenant des prototypes de prothèses de bras[46] reliés aux nerfs ou directement au cerveau[47]. Ils sont quelque peu maladroits, mais il existe un processus d'apprentissage dans lequel le réseau neural du bras apprend à interpréter les signaux du cerveau de l'utilisateur, et l'on suppose que le cerveau de l'utilisateur apprend à générer les bons signaux.

46. Max Ortiz-Catalan et al., « Une passerelle oséo-intégrée entre la machine et les réactions sensorielles à long terme et le contrôle moteur des membres artificiels », *Science Translational Medicine*, 8 octobre 2014, vol. 6, édition 257, 257re6 DOI : 10.1126 / scitranslmed.3008933.

47. J. Andrew Pruszynski et Jörn Diedrichsen, « Lire l'esprit pour faire bouger le corps », *Science* (22 mai 2015), pp. 860–61.

L'innovation dans le domaine des membres prothétiques contribue grandement à faire avancer la science. Un robot ne se plaindra pas si nous y attachons un bras mal conçu qui tient trop fermement ou qui se déplace trop lentement, mais un humain amputé le fera certainement. Les humains sauront immédiatement si l'appareil ne leur permet pas de faire les actions souhaitées. Si nous programmons une fausse jambe pour courir, le porteur saura si elle ne lui permet pas d'utiliser la démarche appropriée dans des circonstances courantes ou même rares, alors que le problème peut ne jamais survenir en laboratoire. Ces essais sont inestimables. Les personnes amputées, ou leurs compagnies d'assurance, seront également disposées à débourser une somme importante pour acheter le bon appareil et un marché de grande ampleur réduira les coûts.

Quand l'idée de robots est apparue, les gens ont imaginé qu'ils prendraient en charge tous les petits boulots que l'homme devait accomplir. Nous supposions que l'intellect humain était inaccessible, et que comprendre le monde était banal, car n'importe quel animal pouvait le faire. Pourtant les premières tâches qui ont été automatisées ont été les tâches intellectuelles.

Un ordinateur ne peut toujours pas parler comme un humain, mais il peut battre n'importe quel être humain aux échecs. En fait, ce sont les travaux subalternes et non qualifiés qui se sont révélés les plus difficiles à effectuer pour un robot. Les capacités que nous prenons pour acquises – la reconnaissance des objets du monde qui nous entoure ; comprendre et réagir dans le langage parlé naturel ; gérer une multitude de circonstances inattendues, si insignifiantes que

Le robot du MIT Cheetah, sur un terrain d'athlétisme au MIT. Les scientifiques du MIT ont dit que ce robot, conçu selon l'animal le plus rapide du monde, pourrait avoir de réelles applications, dont les prothèses de jambes.

nous ne les remarquons même pas – sont les plus difficiles à implémenter dans une machine.

Robots de travail

Bien qu'il soit d'ores et déjà possible de créer un robot femme de chambre pour un hôtel, il serait déboussolé au premier client qui laisserait une serviette à sécher, casserait un verre ou poserait sa valise ouverte sur le lit. D'autre part, les emplois semi-qualifiés, notamment dans la construction automobile, ont été automatisés pour la plupart il y a plusieurs décennies, à l'aide de robots très rudimentaires sans grande intelligence. Même les emplois hautement qualifiés, tels que ceux de la bourse et de la finance, sont aujourd'hui

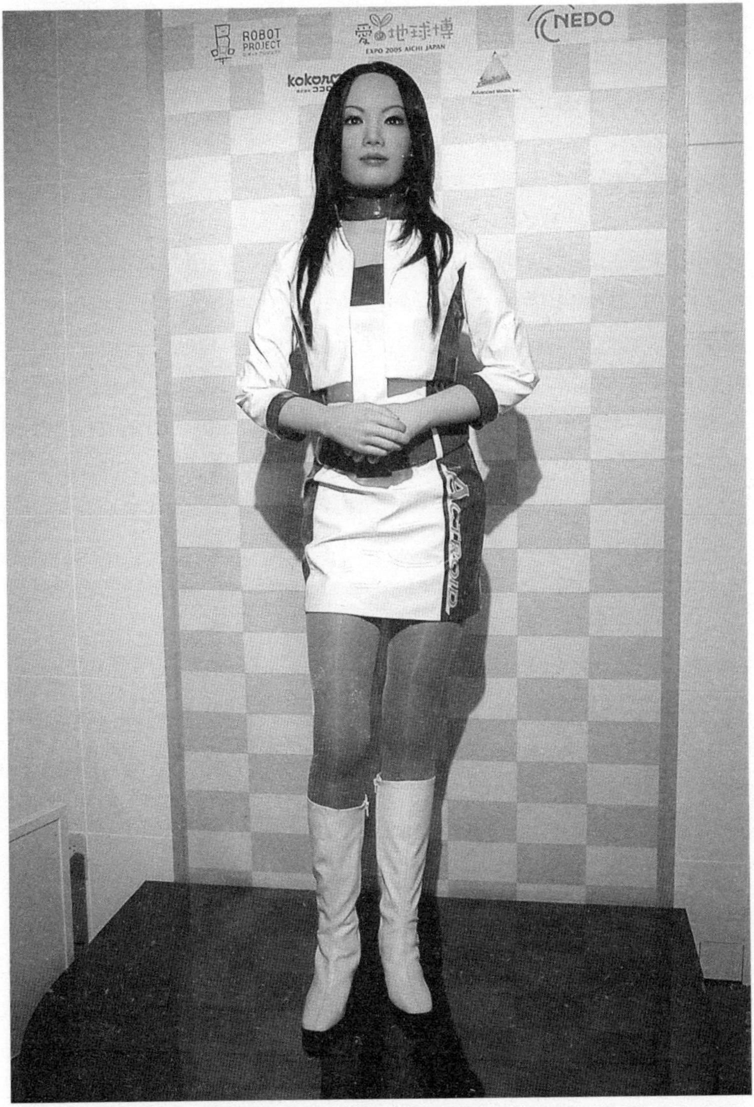

RiplieeQ1-expo, un exemple de robot Actroid à l'expo 2005 à Aichi au Japon.

assistés, voire remplacés par des intelligences artificielles. Là où les emplois sont l'apanage des humains, c'est généralement grâce à des compétences de base – que chaque humain de cinq ans possède, comme la faculté de comprendre le langage et le monde extérieur. Il est certain que dans les années à venir, les robots et autres technologies dotées d'intelligence artificielle assumeront de plus en plus de tâches qui, selon nous, nécessitent une intelligence humaine. Cependant, à mesure que les nouvelles technologies se développent, elles créent de nouveaux emplois qui font appel à l'intelligence humaine. Par exemple, personne ne gagnait sa vie en tant que concepteur web avant qu'internet n'ait été inventé, et très peu avaient l'opportunité de produire des vidéos chez eux pour un public mondial.

Dans un avenir proche, nous pouvons nous attendre à voir progresser l'intelligence artificielle dans trois domaines. Les systèmes experts, les *chat-bots* et les appareils intelligents continueront à devenir plus répandus et plus intelligents. Au fur et à mesure que les systèmes experts et les analyseurs syntaxiques en langage naturel qu'ils utilisent deviendront de plus en plus sûrs, nous commencerons à voir des *chat-bots* dialoguer avec des membres du public sur des sujets étroitement définis, tels qu'on en trouve dans les centres d'appel. Tant que vous n'essaierez pas de leur demander quelle est la météo, ils seront en mesure de vous conseiller aussi bien que les humains qu'ils remplaceront. Nos téléphones mobiles auront des capacités qui sembleront magiques et ils seront davantage connectés à tous les aspects de nos vies et aux autres appareils que nous utilisons. Déjà aujourd'hui, les applications pour smartphone peuvent se connecter à nos divers autres appareils, par exemple pour demander au téléviseur d'enregistrer un programme ou pour allumer le chauffage central. Si nous ajoutons l'intelligence artificielle, nous obtenons des téléviseurs proposant des programmes que nous souhaitons regarder et des systèmes de chauffage centralisés qui apprennent notre routine quotidienne et calculent comment répondre efficacement à nos besoins. Les prothèses deviennent presque aussi efficaces que le membre ou l'organe qu'elles remplacent. Le casque Bluetooth nous a habitués à voir des gens parler seuls dans les lieux publics ; Siri d'Apple et des applications similaires implémentent désormais une fonction de recherche d'informations, bien qu'ils aient souvent pour tâche de fournir simplement une liste de sites web susceptibles de contenir la réponse à notre question. Avec des ordinateurs plus puissants et des techniques plus avancées d'analyse de langage naturel et de reconnaissance de la parole, ils seront en mesure de comprendre les sites web eux-mêmes et de nous comprendre suffisamment pour savoir le type d'information dont nous avons besoin. Nous aurons bientôt des applications d'assistants de recherche intelligents, tandis que les jeux et les assistants personnels nous permettront d'interagir avec nos appareils en utilisant uniquement le langage oral.

Les jeux vidéo

Les jeux vidéo sont un domaine souvent négligé de l'intelligence artificielle. Lorsque les premiers « jeux de tir » sont sortis, les monstres se contentaient de se diriger vers la position du joueur. Puis ils ont appris à se camoufler. Aujourd'hui, ils peuvent jouer en équipe et tenter de dépasser le joueur. Jamais un robot n'a été aussi développé que ceux des jeux vidéo.

Les jeux offrent un environnement parfait pour développer les niveaux les plus élevés de comportement intelligent. Les tentatives visant à traiter ces fonctions dans les années 1980 ont échoué, car le monde réel est trop complexe pour être modélisé à l'aide d'un ordinateur. Même si l'ordinateur est assez puissant, le modèle est trop volumineux et complexe pour y être saisi. En revanche, un monde de jeu est restreint et les personnages peuvent avoir un modèle complet de son fonctionnement et de ce qui peut en résulter. Dans un jeu, la taille et la complexité du modèle ne sont pas un problème. À l'avenir, les jeux auxquels nous jouerons sur nos ordinateurs et nos téléphones comporteront des interactions plus naturelles. Les personnages auront leur propre vie plutôt qu'un déroulement prédéfini et ils penseront et planifieront par eux-mêmes. Nous pourrons parler à des personnages contrôlés par ordinateur et leur demander de nous répondre avec des manières réalistes et des émotions simulées. Il y aura une limite, bien sûr ; nous ne pourrons pas leur parler de tout et de rien, seulement de sujets en rapport avec le jeu, mais cela paraîtra naturel ; nous n'attendons pas la perfection dans un jeu.

L'IA du futur

Tout cela sera réalisé en utilisant les technologies d'intelligence artificielle que nous avons vues, mais sans essayer de créer une machine à penser. À l'instar de la chambre chinoise, ces technologies utiliseront de nombreuses règles pour simuler l'intelligence. Cependant, une forte intelligence artificielle progressera, depuis les robots semblables aux insectes que nous avons aujourd'hui, jusqu'à ce que nous obtenions quelque chose d'aussi intelligent qu'un mammifère, peut-être un chien ou seulement un écureuil. Nous commencerons à trouver des applications dans les interventions lors de catastrophes et dans d'autres situations dangereuses.

Dans environ trente ans, nous aurons des ordinateurs dotés de la même puissance de calcul que le cerveau humain, et peut-être dix ou vingt ans plus tard, nous disposerons de la même puissance de traitement sur nos bureaux, puis dans nos poches. À peu près au même moment, nous pourrons probablement construire des robots qui fonctionneront dans le monde réel au moins aussi bien que des êtres humains peu intelligents. Ils utiliseront le même type de techniques que le système nerveux humain en utilise pour ses fonctions inférieures, bien que le reste doive un peu plus à l'informatique qu'à la neurobiologie. Pour cette raison, bien évidemment, ils ne sont ni vivants ni conscients. Néanmoins, nous leur parlerons comme s'il s'agissait de personnes et nous parlerons d'eux comme s'ils étaient conscients. Ils trouveront un emploi avec des tâches répétitives dans un environnement familier où il y aura peu de surprises. Malgré tout, ils seront souvent confus et ils présenteront plus de problèmes qu'il n'en faut. Tel est le fléau de la technologie de pointe.

Créer une véritable intelligence artificielle nécessite plus qu'un ordinateur rapide doté d'une mémoire importante. Il faudra des recherches sur le fonctionnement du cerveau, ce qui exigera des instruments de numérisation et de sondage plus perfectionnés, ainsi que des recherches sur les techniques, qui impliqueront de nombreux prototypes permettant de générer des essais et des erreurs. Tout cela prendra du temps, mais personne ne peut prédire une durée précise. Mon sentiment personnel est que trente ans, c'est trop peu, et qu'une intelligence artificielle qui fonctionne de la même façon que notre cerveau ne sera pas développée avant la seconde moitié du XXIe siècle. Mais il y a de fortes chances que cela survienne avant la fin du siècle. De telles aptitudes pourraient être utilisées à de nombreuses tâches pour lesquelles les humains ne sont pas idéaux, telles que l'exploration spatiale, mais les intelligences artificielles présenteront de nombreux défauts en commun avec les humains. Selon toute probabilité, c'est la capacité à créer des liens entre des sujets disparates qui nous permet de résoudre des problèmes inattendus. Un esprit comme le nôtre a des pensées et des émotions, car il s'agit là d'une caractéristique indispensable à notre fonctionnement. Les intelligences artificielles vont rêver et profiteront d'un beau coucher de soleil. Elles s'ennuieront et se fatigueront. Elles commettront des erreurs et auront besoin d'acquérir des compétences qui leur permettront d'être aussi efficaces que les êtres humains. Elles auront besoin de temps libre pour parvenir à un équilibre entre le travail et la vie personnelle.

Nous pourrions penser qu'une intelligence artificielle forte est impossible, mais cela n'empêcherait pas les robots de devenir aussi intelligents que les humains. Cela signifie seulement qu'il leur manquerait une conscience. Avec une puissance de calcul suffisante, une intelligence artificielle faible suffit.

En regardant vers les brumes de l'avenir, il est impossible d'être certain de quoi que ce soit. Certaines technologies arrivent de nulle part et changent radicalement nos vies sans préavis. L'intelligence artificielle forte est un domaine que nous pouvons voir émerger du brouillard loin devant nous à tout moment. Nous pouvons être presque sûrs que la piste sur laquelle nous nous trouvons finira par aboutir et que, lorsque nous y arriverons, ce sera une technologie révolutionnaire, mais nous ne savons toujours pas à quel point le chemin sera semé d'embûches, jusqu'où nous devrons aller ni à quoi cela ressemblera quand nous y parviendrons. Nous avançons des suppositions, certaines d'entre elles sont utopiques, d'autres dystopiques, mais elles restent des suppositions.

CHAPITRE 15

Les machines peuvent-elles penser?

Une IA faible, ou ce que j'ai appelé une IA pragmatique, suffit à satisfaire tous les besoins. Si un esprit artificiel est capable de tout ce qu'un humain peut faire, peu importe qu'il soit conscient ou non. Nous pouvons toujours avoir des femmes de ménage et des gouvernantes. Nous pouvons envoyer des robots dans les étoiles au cours de voyages qui durent des décennies, car nous pouvons les endormir et les réveiller facilement. Ils peuvent accomplir des emplois dangereux, car ils ne sont pas confrontés à des dilemmes éthiques. Néanmoins, la perspective d'un robot vraiment conscient est fascinante et excitante – ou peut-être effrayante et répugnante, selon le point de vue.

En 1965, Gordon Moore, fondateur de la société Intel, a observé que le nombre de transistors dans un circuit intégré (une « puce » dans le langage informel moderne) doublait chaque année. En 1975, il a révisé son estimation et parle plutôt de doubler tous les deux ans. Le directeur d'Intel, David House, a suggéré que le délai était probablement plus proche de dix-huit mois. Étant donné que le nombre de composants dans un circuit est une bonne indication de la puissance du circuit, et partant de la puissance de calcul d'un ordinateur qui en est constitué, les ordinateurs ont continué à gagner en puissance au fil des décennies en suivant plus ou moins ce que l'on appelle « la loi de Moore ». L'une des principales contributions à cette avancée a été que les entreprises concernées ont fondé leurs plans sur la loi de Moore, ce qui en a fait une sorte de prophétie autoréalisatrice.

Si cette augmentation exponentielle de la puissance de calcul se poursuivait encore quelques décennies, les ordinateurs auraient bientôt la même puissance que le cerveau humain.

C'est un fait qui donne à réfléchir, mais en soi, ce n'est pas particulièrement important. Nous avons des ordinateurs rapides depuis longtemps. Même les calculatrices de poche sont capables de faire de l'arithmétique plus rapidement que les humains. Un ordinateur aussi puissant que le cerveau humain a toujours besoin d'un programme. Nous serions capables de créer chez nous des films d'animation à très haute définition, à tel point que l'on ne pourrait plus les distinguer de la réalité, mais cela ne remet pas en cause les fondements de notre monde.

Si nous savions exactement comment le cerveau humain fonctionnait, nous pourrions le simuler sur un ordinateur et cela fonctionnerait exactement comme un cerveau naturel. Peut-être que, dans quelques décennies, ce sera possible, mais pour le moment, nous n'en savons pas assez sur le cerveau pour écrire son programme. Bien entendu, nous devrions également fournir des capteurs et des actionneurs pour simuler le reste du corps, ce qui dépasse également nos capacités actuelles. Nous ne pouvons pas simplement connecter un cerveau humain, réel ou simulé, à des lasers, des caméras, des microphones, des roues et des moteurs électriques ; le cerveau a évolué pour traiter les données des yeux et des oreilles et pour contrôler un ensemble spécifique de muscles. Nous ne devrions peut-être pas nous attendre à être en mesure de construire un cerveau humain dans un ordinateur, mais plutôt une intelligence entièrement nouvelle avec différents sens et actionneurs. Un tel esprit nous sera totalement étranger, plus que toute créature existante.

Est-il possible de créer un cerveau informatisé ?

Il existe deux objections à la probabilité d'être en mesure de reproduire le cerveau humain dans un ordinateur. La première est que le cerveau, bien qu'important, n'est pas le siège de la conscience. C'est plutôt l'âme qui fait des humains ce qu'ils sont. Ici, je céderai la parole à Turing, qui a souligné qu'un dieu bienveillant créerait sûrement des âmes pour ces créatures dont le cerveau serait suffisamment puissant. Tout autre argument doit se situer dans le domaine de la théologie, dans lequel je ne m'égarerai pas. La deuxième mise en garde, c'est que nous supposons que le cerveau fait des choses susceptibles d'être simulées sur un ordinateur, mais ce n'est peut-être pas le cas. Bien que cela puisse paraître innocent à première vue, cette question a des ramifications qui menacent tout ce que nous savons sur le monde.

De 1910 à 1913, Alfred North Whitehead et Bertrand Russell publièrent *Principia Mathematica*, qui cherchait à codifier le fonctionnement de la logique arithmétique. Nous ne connaissons aucune mathématique plus puissante et il n'y a aucune raison de croire qu'il puisse en exister une. Il établit

Bertrand Russell (1923-2008) a publié* Principia Mathematica*, dans l'idée de codifier la logique arithmétique.

ainsi les lois régissant le fonctionnement des mathématiques et, par extension, le fonctionnement de la physique, de la chimie et de toutes les autres sciences. Il ne s'agit que d'un système parmi une multitude de systèmes formels pouvant être construits pour en faire autant, de sorte qu'à première vue, ça ne semble pas révolutionnaire. Cependant, en 1936, Alan Turing et Alonzo Church prouvèrent que tous ces systèmes étaient équivalents ; l'un peut être plus ou moins expressif que l'autre dans certains domaines – et donc utile –, mais ils sont tous capables d'exprimer les mêmes vérités et ils échouent dans certains cas particuliers[48]. Le fonctionnement des ordinateurs est l'un de ces systèmes formels. Un langage informatique est équivalent à *Principia Mathematica* et à toute autre forme de mathématiques. Il est capable d'exprimer les mêmes vérités que n'importe quel autre langage mathématique et il échoue exactement de la même manière. Étant donné que les cerveaux sont constitués de matière physique et fonctionnent selon les lois de la physique, si le cerveau humain fait quelque chose que les ordinateurs ne peuvent pas faire, il doit y avoir une extension aux lois de la physique et des mathématiques qui rend cette chose possible. Cet ajout à la science définirait un système formel plus puissant que tout autre système connu. Si nous trouvions une telle chose, cela aurait des répercussions sur toute la science. Cela suffirait à changer le monde.

Bien sûr, lorsque nous avons découvert cette méthode, nous pouvions l'appliquer sur nos ordinateurs. Même si nous devions créer des ordinateurs à partir de cellules nerveuses créées en laboratoire, la technologie sera un jour assez puissante pour le permettre. Cependant, il est beaucoup

48. Dans les années 1930, ce fut un choc pour la communauté scientifique de prendre conscience que certaines vérités ne pourraient jamais être prouvées ; mais les mathématiciens se sont ressaisis et ils ont étudié sans relâche. Nous savons maintenant exactement ce qu'il en est et nous savons que ces cas ne sont pas improuvables. Disons simplement que ce n'est pas le genre de problèmes que le cerveau humain peut résoudre.

plus probable que nous parvenions à extraire le principe sur lequel repose la magie et le réimplémenter dans nos ordinateurs.

Simuler n'est pas dupliquer

Lorsque John Searle a présenté son argument de la chambre chinoise, il affirmait seulement que l'intelligence artificielle ne pouvait pas être obtenue en manipulant des symboles – au moyen d'un livre de règles –, mais il est d'accord pour dire que son application était beaucoup plus vaste. Le livre de règles pourrait tout aussi bien mettre en œuvre un réseau de neurones, une architecture de subsomption ou une simulation du cerveau humain. L'argument de Searle est que la simulation n'est pas une duplication. Il dit : « On peut imaginer une simulation informatique de… l'action des processus digestifs dans l'estomac lors de la digestion d'une pizza. Et la simulation n'est plus ce qui est réel dans le cas du cerveau comme dans le cas de… l'estomac. Sauf miracles… vous ne pourriez pas digérer une pizza en exécutant un programme simulant une telle digestion »[49]. Il s'agit d'une attaque grave contre l'IA forte qu'il est difficile de réfuter ; beaucoup de personnes ont pourtant essayé.

Imaginons que nous voulions fabriquer une voiture électrique qui se comporte comme une voiture à essence. Nous programmons un ordinateur pour simuler le fonctionnement d'un moteur à combustion et pour contrôler un moteur électrique en fonction de la simulation. Il peut même avoir un système audio complexe pour faire les bruits adap-

49. John R. Searle, « L'esprit humain est-il un programme informatique ? » *Scientific American* 262 (1) (1990) : 26–31. PMID 2294583.

tés. L'argument de Searle est qu'il ne fonctionne pas par explosion d'essence. En fait, si bonne que soit la simulation, vous la connectez toujours à une prise de recharge électrique au lieu de remplir son réservoir d'essence[50]. La question qui se pose alors est : est-ce vraiment important ? Un esprit artificiel peut avoir les mêmes états mentaux, bien que simulés, comme un esprit réel. Il peut penser qu'il est conscient. Si oui, comment pouvons-nous le nier ?

Cependant, le tableau est encore plus confus, car nous ne savons jamais ce que pense l'esprit. Nous savons seulement ce qu'il nous dit qu'il pense. Si on dit « je suis en vie », faut-il y croire ? Après tout, il est banal de faire dire cela à un ordinateur. Même notre capacité à voir ce qu'il pense ne sera d'aucune utilité si l'esprit lui-même ignore s'il est vraiment conscient ou s'il duplique la conscience.

Désinformation

On raconte l'histoire de deux moines qui, gravissant un col, ont été pris dans une tempête. Ils ont lutté pour suivre une lumière et se sont retrouvés dans un château. Le seigneur qui y habitait les a installés confortablement. Il les a abreuvés et nourris, et il leur a donné de belles chambres. Tout au long de la soirée, ils étaient terrifiés car ils l'avaient reconnu comme étant un homme infâme et cruel qui torturait et assassinait pour le plaisir. Le lendemain matin, au petit-déjeuner, le seigneur leur a demandé à tous les deux : « Qu'est-ce

50. Pour anticiper les débats, oui, vous pouvez lui donner une turbine à vapeur alimentée par essence et électricité. Mais le kilométrage que vous aurez dépendra de la turbine et non du moteur simulé. Il y aurait toujours des différences.

que mon peuple pense de moi ? Est-ce qu'il m'aime ou est-ce qu'il me déteste ? » Le premier moine, craignant de dire la vérité, lui dit que son peuple l'aimait. Le deuxième moine, pour qui le mensonge était un péché, lui dit que son peuple le détestait. Le seigneur a ensuite tué un moine et laissé l'autre continuer son chemin. La question est : Quel moine a-t-il tué ?

Cette histoire est connue comme un problème de désinformation. Il n'y a pas de bonne réponse et la réponse que nous donnons dépend plus de nos propres croyances que de toute preuve externe. Nous savons que le seigneur est cruel et sadique, mais on ne nous dit rien de son sens de l'honneur ni du narcissisme qui pourrait nous permettre de faire un choix raisonné. Nous formons un modèle de l'homme dans notre esprit en utilisant nos propres préjugés et croyances et nous nous demandons comment ce modèle réagirait. (C'est en soi une idée intéressante de la fonction de l'esprit.)

Voilà donc le cas des machines à penser. Pour l'instant, nous n'avons aucune preuve externe de la manière dont la conscience apparaît dans le cerveau. Même en pensant profondément qu'il s'agit d'un phénomène mécanique, nous ne sommes pas convaincus. Tout ce que nous avons, c'est notre intuition et notre foi. Personne ne sait comment et pourquoi le sens de l'identité consciente, qui dit « Je pense donc je suis » est apparu dans le cerveau humain. Ceux qui ont une confiance absolue dans la physique et les mathématiques croient que cela doit être une propriété émergente des bons programmes. Si nous créons le logiciel, la conscience apparaîtra, car, pensent-ils, la physique et les mathématiques sont tout ce qui peut exister dans le cerveau humain.

Avant 1995, les ordinateurs personnels utilisaient un système d'exploitation appelé DOS. Les programmes écrits pour DOS ne fonctionnent pas sur les machines modernes ; le matériel et le système d'exploitation ont trop changé. Cependant, il existe un produit appelé DOSBOX[51] que vous pouvez exécuter sur n'importe quel ordinateur. Il simule non seulement le système d'exploitation DOS, mais également la puce informatique sur laquelle il s'exécute, ainsi que les cartes vidéo et audio. Bien sûr, cela demande beaucoup de puissance de calcul, mais comme nous l'avons vu plus haut, la puissance de calcul a augmenté de façon exponentielle depuis cette époque. Un PC relativement moderne peut exécuter l'ancien logiciel à la même vitesse que celle à laquelle il est conçu. En ce qui concerne le logiciel, il fonctionne sur un Pentium[52] 70 MHz avec les interfaces matérielles dont il a besoin, bien que nous puissions aujourd'hui le faire fonctionner dans une simple fenêtre sur notre bureau. Le programme fonctionne-t-il moins sous DOSBOX que sur un vrai PC Pentium ?

Autant que nous le sachions, le cerveau humain est un organe de traitement de l'information. Nous pouvons comprendre tout ce qu'il fait en tant que flux et transformation de données. Il prend en charge les sens et le système endocrinien et produit des effets sur les muscles. Contrairement à l'exemple de Searle sur le système digestif, nous n'avons besoin de rien simuler ; nous pouvons mettre en œuvre le même traitement de données dans un ordinateur.

Lorsque nous écoutons un morceau de musique enre-

51. Logiciel gratuit, voir www.dosbox.com.
52. Pentium est une marque déposée d'Intel.

gistré sur un CD, les ondes sonores sont transformées en impulsions électriques, converties en séquences de nombres codés sous forme de creux microscopiques dans un morceau de plastique, à nouveau transformés en distorsions de lumière laser, de nouveau en chiffres, en impulsions électriques et enfin en sons. Bien que l'enregistrement ne soit jamais parfait, il peut l'être autant que l'on veut. La musique est toujours de la musique, même si elle n'existe parfois pas sous forme d'ondes sonores. De même, il ne semble y avoir aucune raison de croire que les pensées cesseront d'être des pensées simplement parce qu'elles ne sont pas des signaux électrochimiques dans les cellules nerveuses.

Même s'il est théoriquement possible de reproduire un cerveau humain sur un ordinateur, il se pourrait que nous ne comprenions pas suffisamment la structure et le fonctionnement du cerveau pour le faire. Nous ne disposons actuellement pas de la technologie nécessaire pour cartographier chaque neurone et nous ne savons pas exactement en quoi ils diffèrent les uns des autres. Il semble probable que, si nous disposions d'assez de temps, nous en apprendrions suffisamment pour le faire. Malgré cela, reproduire un cerveau ne revient pas au même que créer un esprit à partir de rien. Cela nécessite toute une série de découvertes.

Il existe un cliché selon lequel chaque fois qu'un chercheur en intelligence artificielle est interrogé sur l'époque où nous obtiendrons des robots ressemblant à des humains, sa réponse est toujours de cinq à vingt ans. Les scientifiques donnent la même réponse depuis plus d'un demi-siècle. Nous nous rapprochons constamment du but, mais il est toujours possible de découvrir des problèmes qui prennent beaucoup plus de temps à résoudre que d'autres. Néanmoins, nous sommes en bonne voie. Bientôt, nous serons suffisamment proches d'un point de vue technique, et même si nous ne créons pas de robot conscient, les raisons de notre échec changeront notre monde.

CHAPITRE 16

La singularité

Si l'on étudie l'intelligence artificielle assez longtemps, on rencontrera le concept de singularité. Cet événement apocalyptique, dit-on, approche à grands pas et va anéantir la race humaine ou nous transformer en entités semi-robotiques dotées de pouvoirs que nous ne pouvons même pas imaginer. Il a été appelé « The Rapture of the Nerds », ou l'enlèvement des *geeks*, selon une similitude avec « l'Enlèvement » qui, d'après certains groupes chrétiens, précédera la seconde venue du Christ et fera disparaître tous les justes de la surface de la Terre en un clin d'œil[53]. Cela aura certainement la même saveur.

Si l'IA devenait une menace...

On parle de la singularité depuis que les gens se préoccupent des machines. Dans sa forme moderne, elle se produirait lorsque l'intelligence des machines dépassera l'intelligence humaine. À ce moment-là, les machines pourront se programmer pour être encore plus intelligentes et continueront à concevoir des machines plus intelligentes, et ainsi de suite, jusqu'à ce que les humains deviennent des êtres inférieurs, comme les fourmis le sont pour nous.

53. Voir *I Corinthiens*, 15:52.

Selon une interprétation plus conviviale, nous serons de plus en plus interconnectés avec les machines (à l'heure actuelle, il est déjà presque impossible de travailler sans internet) jusqu'à ne plus être distinguables d'elles et développer des capacités incroyables grâce à cette connexion.

Dans une vision des plus catastrophiques, nous n'avons pas un robot qui conçoit des robots, mais qui se contente d'affiner sa propre programmation afin d'optimiser une tâche qui lui a été confiée. Disons que c'est une femme de ménage. Un jour, une fois qu'elle se sera optimisée pour devenir beaucoup plus intelligente qu'un humain, elle décidera que la maison serait beaucoup plus propre si elle éliminait tous les humains qui engendrent le désordre. Elle serait tellement intelligente qu'elle pourrait le faire en douce, sans que personne ne la remarque avant qu'il soit trop tard.

La version finale est bien sûr celle dans laquelle les robots deviennent conscients et déclarent, pour une raison ou une autre, la guerre à la race humaine.

Accélération technologique

Ce n'est pas le succès des avancées récentes en intelligence artificielle qui a suscité ces préoccupations. Dans un récent défi DARPA[54], les robots ont dû conduire une voiture, ouvrir une porte, ouvrir une vanne, actionner une perceuse à main, débrancher et rebrancher un câble électrique, marcher sur des gravats et gravir quelques marches. Si nous étions généreux, nous pourrions dire qu'un humain pourrait réaliser le parcours en une minute. Le robot gagnant a eu besoin

54. Le défi robotique DARPA est une compétition annuelle. Pour la description de l'événement 2015, voir http://www.theroboticschallenge.org/.

de plus de quarante minutes. Les partisans de la singularité soulignent plutôt l'accélération exponentielle de toutes les technologies, en particulier la puissance de calcul.

Lorsque nous examinons un graphique de cette crois-

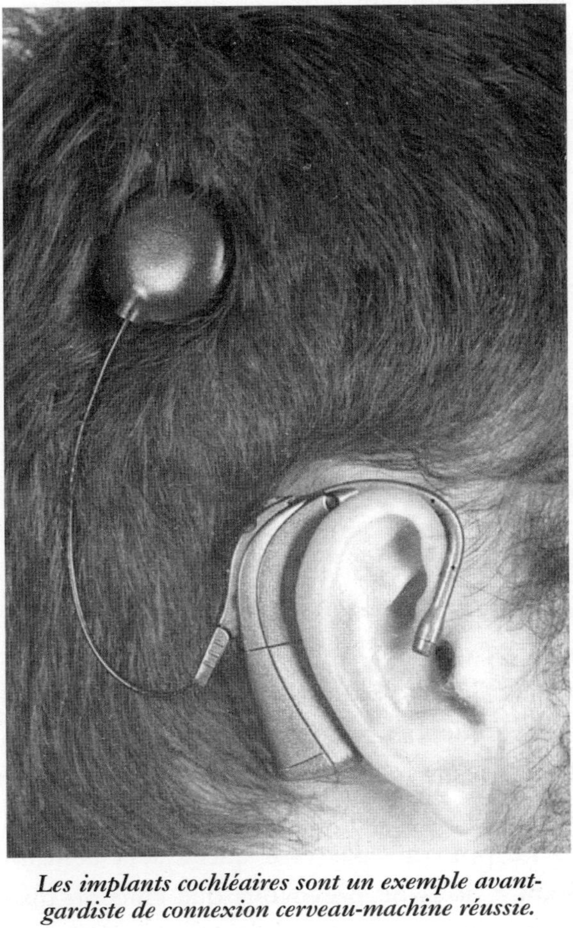

Les implants cochléaires sont un exemple avant-gardiste de connexion cerveau-machine réussie.

sance exponentielle, il semble toujours effrayant. Il y a une section presque plate derrière nous, où la vie paraît plus ou moins sédentaire, mais nous atteignons maintenant un point critique où brusquement les progrès évoluent à un rythme toujours croissant. Cependant, il est important de noter que le graphique a toujours le même aspect. Lorsque l'échelle est choisie de sorte que l'on montre le progrès le plus clair possible, nous semblons toujours sur le point de faire l'expérience de cette hausse soudaine. Mais si le graphique avait été dessiné il y a vingt ans, il aurait été exactement le même, et jusqu'à présent nous avons survécu. Nous sommes certains que l'avenir apportera des changements, tout comme l'histoire récente a été marquée par la montée en puissance d'internet et des téléphones mobiles. Alors qu'il y a cinquante ans, les gens passaient directement de l'école à l'emploi qu'ils occupaient jusqu'à la retraite, les emplois sont maintenant plus transitoires. Il y a vingt ans, les concepteurs de sites web n'existaient pas. À mesure que la technologie progresse, nous devons nous adapter à son rythme de changement croissant. Il y aura des défis : certains seront laissés pour compte ; les taux d'emploi peuvent chuter ; les professions à durée de vie plus courte peuvent avoir des exigences de compétences de plus en plus élevées. La technologie comblera les lacunes, formera et soutiendra les nouveaux travailleurs tout en effectuant des tâches subalternes que les gens accomplissaient auparavant.

Nous ne pouvons pas dire quelle sera cette nouvelle technologie ; nous ne prévoyons que cinq ou dix ans en avance et il existe une inertie qui n'est pas prise en compte par le rythme des progrès. Nous disposons maintenant de la technologie nécessaire pour offrir à tous des connexions internet haut débit, mais l'infrastructure existante devra être détruite et complètement remplacée, ce qui coûterait plus cher que ce que nous pouvons payer. Plusieurs modèles de voitures volantes ont été conçus, mais la nécessité d'obtenir une licence de pilote et de respecter les règles de la circulation aérienne les a rendues peu rentables pour une production en série.

Dans les prochaines décennies, les ordinateurs auront le même pouvoir que le cerveau humain. À ce moment-là, nous pourrions nous attendre à ce que l'IA faible nous fournisse des ordinateurs et des robots qui s'approchent au moins des capacités humaines – mais nous ne pouvons en être certains. Ils pourraient peut-être rechercher eux-mêmes l'intelligence artificielle et devenir progressivement plus intelligents que nous. Il est peu probable que cela se produise du jour au lendemain, cela pourrait même ne jamais arriver. L'intelligence n'est pas un concept simple. Les super-cerveaux sont capables de faire des mathématiques plus rapidement que n'importe quel humain, mais cela ne signifie pas qu'ils soient des orateurs ou des diagnostiqueurs médicaux extrêmement compétents. Certaines aptitudes peuvent encore prendre toute une vie à acquérir.

Un ordinateur intelligent peut se créer des successeurs plus intelligents que les humains. Les techniques dont nous disposons aujourd'hui, telles que les réseaux de neurones et les algorithmes génétiques, sont déjà capables de réaliser des tâches que nous ne savons pas accomplir nous-mêmes. Ces programmes ont un impact sur nos vies depuis plusieurs années. Il est largement admis que le marché boursier est plus instable, car les ordinateurs effectuent un grand nombre d'opérations des milliers de fois plus rapidement que ne le peuvent les humains[55].

Nous avons déjà des interfaces cerveau-machine. Depuis 1957, les implants cochléaires permettent aux personnes profondément malentendantes d'entendre. Un microphone capte les sons ambiants et son signal est traité et transmis aux électrodes situées dans l'oreille interne. Les premiers appareils à un seul canal permettaient au patient de distinguer le rythme, mais rien d'autre. Les implants modernes ont plus de vingt canaux. Bien qu'il s'agisse d'un progrès important, il ne saurait être qualifié de dispositif auditif normal. Pour avoir une idée de ce que cela signifie, imaginez que vous écoutez une mélodie jouée sur un piano dont moins d'un quart des touches fonctionne, et où celles qui fonctionnent sont fausses.

Les implants cochléaires sont relativement simples, car les terminaisons nerveuses à stimuler sont disponibles et facilement accessibles dans l'oreille interne. De même, les cellules nerveuses qui assurent la vision sont disposées sur la rétine de l'œil et certains cas de cécité peuvent être traités avec un implant rétinien. Tout comme dans le cas de l'ouïe, la vue est restaurée de façon limitée. Dans les premiers essais, la vue des patients passait de « aveugle » à « malvoyant ». Ils pouvaient percevoir des lumières et un certain degré de formes. Ils déclaraient être en mesure de déterminer la direction em-

55. Voir Adam Shell, « 7 raisons pour lesquelles le marché boursier est si volatil », *USA Today*, 11 août 2011, consulté le 19 janvier 2016, http://usatoday30.usatoday.com/ money/perfi/stocks/2011-08-10-volatile-markets_n.htm.

pruntée par une route en identifiant les lampadaires.

Les membres prothétiques peuvent également être contrôlés en mesurant l'activité des muscles ou des fibres nerveuses et en interprétant ce signal sous forme de mouvements du membre artificiel. Les premiers appareils de ce type utilisaient les muscles de l'estomac comme substituts. En contractant les muscles individuels, on peut contrôler un bras robotisé. Les chercheurs essaient maintenant de prendre les signaux des nerfs qui contrôlaient le bras perdu. Les mains prothétiques actuelles ne font qu'ouvrir et fermer les doigts. L'utilisateur peut modifier le type de prise de sorte que les doigts se ferment selon un mode différent, sans toutefois contrôler chaque doigt séparément. Et puis, il n'y a aucun retour à l'utilisateur. Aucune sensation ne peut être ressentie, comme une douleur ou simplement le degré de pression exercée sur un objet maintenu. Cependant, aucune raison évidente ne l'empêche. Les recherches sur la miniaturisation en cours devraient produire un membre qui fonctionne au moins aussi bien que celui qu'il remplace. Il est peu probable que nous en trouvions un qui fonctionne mieux, simplement à cause des lois de la physique. Un bras puissant nécessite un lien solide à un squelette robuste, et une puissance supérieure demanderait des batteries plus lourdes.

Bientôt, il sera possible de connecter des milliers de neurones à un seul dispositif implanté. Cela permettra aux implants auriculaires et oculaires de fournir à peu près la même expérience que les organes qu'ils remplacent. Il pourrait même être possible de contrôler un membre en utilisant une interface implantée dans le cerveau. Même dans ce cas, il est douteux que des personnes en bonne santé se soumettent à une chirurgie cérébrale majeure impliquant une infection par un virus qui introduit des gènes de plancton dans leurs cellules cérébrales[56]. De nombreuses maladies et infirmités pourraient être traitées grâce à cette technologie ; un tel implant pourrait être utilisé par les personnes atteintes des maladies d'Alzheimer ou de Parkinson. Cependant très peu de personnes envisageraient une telle opération simplement pour devenir meilleurs au travail ou dans les loisirs avant que la chirurgie ne devienne une routine. Nous n'en sommes pas encore là. Pour l'instant, nous devons encore nous contenter des corps et des cerveaux dont nous disposons.

Quelle est la probabilité que l'IA prenne le dessus sur les humains ?

Une intelligence artificielle programmée pour améliorer ses propres capacités pourrait si bien réussir qu'elle causerait une catastrophe majeure. Sa mission pourrait être, par exemple, de fabriquer des trombones et son objectif d'en faire le plus grand nombre possible le plus rapidement. Pour commencer, elle optimiserait son propre mécanisme et sa propre programmation afin d'être efficace, mais elle se rendrait alors compte qu'un grand nombre de machines,

56. Cela semble être la méthode la plus probable de connexion à un grand nombre de neurones individuels. Les gènes des planctons amènent les neurones à fabriquer des substances qui brillent et qui les rendent sensibles à la lumière, de sorte qu'ils peuvent être déclenchés par la lumière. Jusqu'à présent, les électrodes étaient utilisées pour établir une interface avec des neurones individuels, mais le cerveau les considère comme des corps étrangers et crée un tissu cicatriciel tout autour. Au bout d'un moment, ils cessent de fonctionner.

ailleurs dans le monde, ne fabriquent pas de trombones. Elle pourrait apprendre à ces machines à l'aider. Cela serait assez fâcheux, d'autant plus que si des humains essaient de l'en empêcher, ils se mettraient alors en travers de son chemin et devraient être éliminés. Dans la version apocalyptique de ce récit, l'IA devient tellement intelligente qu'elle peut devancer les humains qui tentent de l'arrêter. Avant que quiconque se rende compte que quelque chose va mal, l'IA détourne un laboratoire de génétique afin de créer un virus mortel qui élimine la race humaine. Sans aucune limite, elle grandit jusqu'à ce que toutes les ressources de la planète soient utilisées pour fabriquer des trombones, à l'exception de celles visant à fabriquer les navettes spatiales qui envahiront l'univers à la recherche d'autres planètes à convertir pour fabriquer plus de trombones.

Comme les autres scénarios, celui-ci n'est plausible que dans certaines circonstances. La machine doit être suffisamment puissante pour mettre en œuvre cette super intelligence et comprendre comment mentir de manière convaincante, sans être empathique pour reconnaître que les humains ont de la valeur ni perspicace pour se rendre compte que l'on risque d'avoir trop de trombones. Il faudra un certain temps avant que les ressources informatiques soient suffisamment bon marché pour pouvoir en consacrer autant à une tâche aussi triviale. Et si le travail exigeait une grande vivacité d'esprit, dès lors qu'une intelligence chercherait à diffuser des gaz neurotoxiques, les humains seraient plus susceptibles de s'en rendre compte.

Il est beaucoup plus probable que ce scénario se produise à plus petite échelle. Par exemple, un robot militaire pourrait décider que le meilleur moyen d'éliminer tous les terroristes d'un village est de tuer tout le monde. Ce serait une tragédie et un incident international majeur, mais ce ne serait pas la fin de la race humaine.

La probabilité de la singularité, tout comme celle des machines conscientes, est un problème de désinformation. Nous n'en savons pas encore assez pour nous permettre de décider s'il s'agit d'un danger important ou non. Néanmoins, dans vingt ou cent ans, nous aurons des machines pensantes impossibles à distinguer des êtres vivants. Elles seront au moins aussi intelligentes que nous et pourraient même l'être beaucoup plus. Comme pour toute nouvelle technologie, des dangers, des opportunités et des questions éthiques se présenteront, mais nous devrons attendre un peu plus longtemps avant de pouvoir en débattre concrètement.

L'intelligence artificielle est un domaine difficile à prédire. Lorsque les premières voitures autonomes ont roulé sur des routes désertes en 1986, on aurait pu supposer que la plupart des difficultés avaient été surmontées. Pourtant, huit ans plus tard, elles dépendaient toujours de conducteurs humains pour faire face aux imprévus. Même en 2015, les voitures autonomes de Google ne comprennent toujours pas les feux de circulation temporaires et dépendent de cartes très précises du secteur dans lequel elles évoluent. Tout le domaine fonctionne de même, résolvant progressivement les problèmes un à un, d'abord dans les cas simples, puis en se généralisant. Tant que les plus simples ne sont pas résolus, les suivants restent inconnus. Nous ne pouvons donc jamais dire avec certitude à quel point nous sommes proches d'une solution, mais nous nous rapprochons chaque année un peu plus. Je vais citer Alan Turing une dernière fois : « Nous ne pouvons voir qu'une courte distance, mais nous savons qu'il reste encore beaucoup à faire »[57].

57. A.M. Turing, « Computing Machinery and Intelligence », *Mind : revue trimestrielle de psychologie et de philosophie* (octobre 1950) : 433–60. Le document est disponible à plusieurs endroits sur internet, y compris dans le Back Catalogue Mind à l'adresse http://mind.oxfordjournals.org/ ; ou le site web du prix Loebner à l'adresse http://www.loebner.net/Prizef/TuringArticle.html. Le document est lisible et suscite la réflexion : je recommande aux lecteurs intéressés de le rechercher.

Crédits iconographiques

Associated Press : 138

CartoonStock : 35

Getty Images: 59 (Ullstein Bild)

Domaine public : 12, 19, 27, 49 (Gallery Project), 69 (Clockready), 85, 139 (Gnsin), 166

Shutterstock : 75, 93, 95, 101, 107, 115, 119, 121, 122, 130, 161

Les Femmes du Nazisme
L'attrait du mal

Les autres livres de la collection "Côté Noir" :

Gestapo
L'histoire cachée derrière la
machine de la terreur nazie

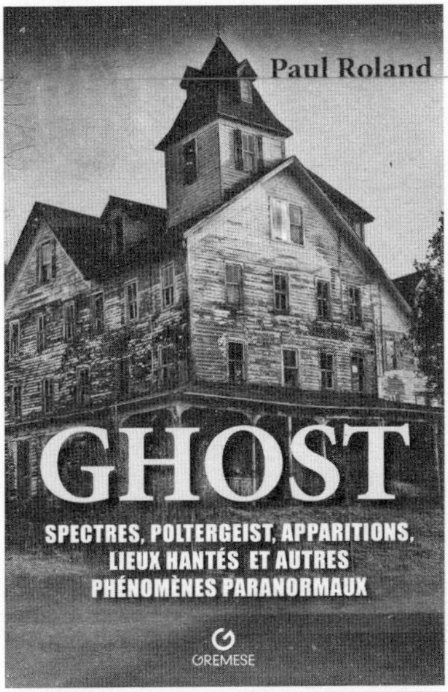

Ghost
Spectres, poltergeist, apparitions, lieux hantés et autres phénomènes paranormaux

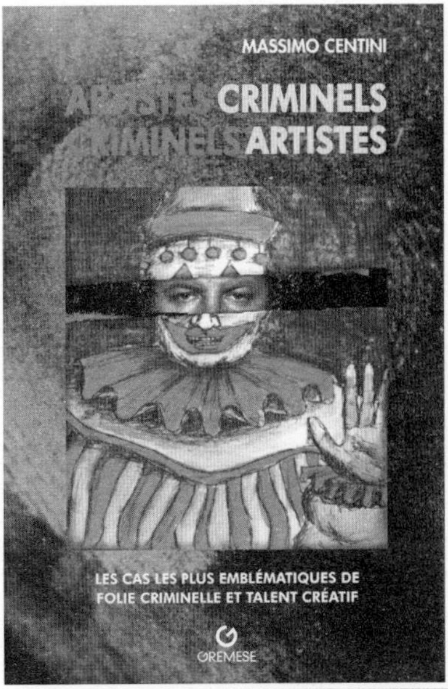

Artistes criminels – Criminels artistes
Les cas les plus emblématiques de folie criminelle et talent créatif

Tuer pour Satan
Criminalité et culte du diable